TRWY DDIRGEL FFYRDD

YR AWDUR

Trwy Ddirgel Ffyrdd

✣

Gwyn Erfyl

GWASG GEE

DINBYCH

ISBN 0 7074 0300 6

Dymuna'r Cyhoeddwyr gydnabod cymorth
Adrannau Cyngor Llyfrau Cymru

Argraffwyr a Chyhoeddwyr:

GWASG GEE, DINBYCH, SIR DDINBYCH

Cyflwyniad

’Rwy’n cyflwyno’r gyfrol i

LISA

ac i’r teulu i gyd,

fel rhyw fath o ad-daliad am fod i ffwrdd mor aml, ac yn y

gobaith y bydd eu ffiolau hwythau yn llawn.

Cynnwys

Rhagair 9

O'r Dwyrain 11

Ar lannau'r Baltig 18

Ostrava '71 21

'Ima Dana' 24

Crwydryn yn yr Oes Atomig 30

Un o Blant y Chwyldro 37

Llwyth Emma 42

Hiroshima 47

Draw Fan 'Cw 56

'Gwead a Phatrwm' 65

Ynys Llanddwyn 73

Awel o Siberia 75

Poenau Cydwybod 80

Ewscadi, bro'r Basgiaid, 1980 82

Y Barwn a'i Bobl 93

Y Winllan (1982) 99

Y Tecell yn Berwi 101

Y Plentyn 113

Gosod Pabell 114

Stori Pedr 121

Marwolaeth nid yw'n Marw 136

Ilse 141

Winifred 145

O! Israel 149

Rhagair

O ganol y chwedegau hyd ddiwedd yr wythdegau, bûm yn ymwneud
â rhaglenni teledu TWW/HTV – am dair blynedd a hanner yn cynnal
cyfweliadau ar Y DYDD, yna'n gyfrifol am amrywiaeth o raglenni yn
y stiwdio ac ar ffilm.

'Roeddwn i'n ddeugain oed cyn symud i fyd y cyfryngau. Bu
hynny'n help – efallai yn iachawdwriaeth. O ran cefndir a natur,
syniadau a geiriau oedd fy niléit, a'r hyn a geisiwn ei wneud mewn
bywyd eisoes wedi ymffurfio. Yn athro, yn weinidog, yn llais radio
neu'n wyneb ar y bocs, – 'roedd y rheidrwydd i gyfathrebu'n ganolog.
Ac i mi, yn gam neu'n gymwys, 'roedd y neges a'r bwriad mor
hanfodol â'r mynegiant. 'Dyw techneg neu ddawn ddim ym mynd i
guddio'r craciau neu'r gwacter yn y cynnwys.

Symud yn orffwyll o brofiad i brofiad, o raglen i raglen, ac o un pen
set i'r llall oedd ein hanes. Dyna yw natur y cyfrwng. Wrth reswm, fe
fu blinder a straen. Yr hyn a gadwodd y brwdfrydedd rhag pylu oedd
chwilfrydedd wrth drafod y byd a'i bobl a'i bethau, apêl yr annisgwyl
a dirgelwch rhyfeddol y cyfan! Bu'n gyfnod cynhyrfus – gweld hen
gyfundrefnau haearnaidd yn chwalu dan bwysau pydredd o'u mewn yn
ogystal â phwysau'r adwaith o'r tu allan. Gweld gorau a gwaethaf
ymlyniad at genedl a chrefydd yn troi'n erchylltra neu'n ffrwydrad o
lawenydd ac o oleuni newydd ar y gorwel.

Er mai o fewn Cymru y daeth y rhan fwyaf o'r rhaglenni, fe gafwyd
cyfle i grwydro tipyn. Gyda'r ewyllys orau yn y byd a llond gwlad o
wybodaeth, 'does neb yn ei iawn bwyll yn credu y gall teithiau byr a
thameidiog felly fod yn ddim ond argraffiadau. Yn wir, 'dyw treulio
oes gyfan ddim yn ddigon. Gweld 'o ran' yw hi yma hefyd.

Ond 'roeddwn i'n ceisio gofyn y cwestiynau iawn a mynd dan
groen sefyllfa neu berson yn hytrach na neidio'n wyllt o un lle i'r llall
efo sylwadau catalogaidd. Mae dogfen deledu'n hanfodol wahanol i
ffilm dwristaidd Bwrdd Croeso. Rhai o'r teithiau hynny yw man
cychwyn y gyfrol yma.

Ni chedwais ddyddiadur, ond 'roedd gen i nodiadau cefndir,

9

llythyrau a sylwebaeth pob rhaglen yn ogystal â chopïau o'r ffilm wreiddiol. O ailgerdded y llwybrau, ailedrych ar y darlun ac ailymglywed â'r lleisiau, fe drodd y teithiau'n bererindod fy fforddolion ac yn un bersonol. Cyfarfod, darganfod ac adnabod. Dyna sydd wedi gwneud y cyfnod i gyd yn un mor ddwfn ei ddylanwad arna' i. Os oes digon o flynyddoedd – ac o egni – ar ôl, fe garwn ddilyn yr un trywydd o fewn ffiniau fy ngwlad fy hun. Mae honno'n nes ata' i ac, efallai, yn fwy anodd i'w chwmpasu!

Trwy lygad y camera yr adroddwyd y stori – y llygad yn setlo ar wrthrych a'i droi'n ddelwedd neu ddameg. Y ddau ddimensiwn hynny sy'n troi'r gweledig yn ddatguddiad ac yn ymestyn y tu draw i ffaith a rheswm. Gall y camera ynysu'r unigol; gall hefyd ganfod y patrwm a'r gwead cyfan.

*   *   *   *

Fy mraint i oedd cynhyrchu a chyflwyno, ond nid stori nac ymdrech un person ydi hi. Gwaith tîm o griw bychan yw'r cyfan. Fe garwn eu henwi ond byddwn yn siŵr o adael rhywun allan! Gall yr amgylchiadau fod yn astrus a délicet wrth fod ar drugaredd tywydd a chloc a mympwyon swyddogion a gwleidyddion. Gall hynny hefyd osod straen ar nerfau ac amynedd. Dan amgylchiadau felly y daw cyfeillach a brofwyd ac a burwyd yn y tân!

Iddyn' nhw allan ar y maes, mewn stiwdio neu ystafell olygu, 'rwy'n estyn fy niolch a'm gwerthfawrogiad.

'Rwyf am enwi un am nad yw yma mwy. Aled Vaughan, fy mhennaeth a'm ffrind yn HTV. Heb ei ffydd a'i benderfyniad ef ni byddai storïau fel hyn wedi gweld golau dydd. 'Roedd ei weledigaeth yn bod cyn y dyddiau Thatcheraidd ac fe fydd byw, gobeithio, ar eu hôl.

Am y gyfrol ei hunan a hanes ei chyhoeddi, fe fu ffrind arall yn niwsans angenrheidiol. Dyfalbarhad a pherswâd yw dwy o nodweddion Rheolwr Gyfarwyddwr Gwasg Gee, Emlyn Evans. Bu'n un o bileri'r byd cyhoeddi yng Nghymru ers blynyddoedd bellach. Mae'n dyled iddo, fel cenedl, yn fawr. Gwn o brofiad am rym ei weledigaeth a'i ymroddiad. 'Does gen i ond gobeithio bod y gyfrol yn deilwng o'i ffydd.

Haf 1997   G.E.

10

O'r Dwyrain

Gweld llun a stori yn un o bapurau 'trymion' y Sul (Ionawr 1996) a ddaeth â'r cyfan yn ôl. Y llun – cartref Leo Tolstoy yn Moscow a'r cyhoeddiad fod ei or-ŵyr Vladimir Tolstoy wedi ei benodi i fod yn gyfrifol am y cartref fel amgueddfa i'w hen daid.

Roeddwn i wedi cyfarfod Vladimir ym Moscow yn ystod yr wyth degau. Roedd o'n newyddiadurwr a chyfieithydd y pryd hwnnw ac yn amlwg fel golygydd cylchgrawn i'r ifanc. Gŵr yn ei dri degau yn byw mewn fflat digon llwydaidd ym mherfeddion y ddinas gyda Marcia, ei wraig, ac Anastasia, eu merch fach.

Ond fe ddechreuodd y stori yn Eisteddfod Ryngwladol Llangollen yn 1983. Roeddwn i wedi bod yn rhan o raglenni teledu'r Ŵyl ers canol y chwe degau ac wedi cadw'r cysylltiad yn ddi-dor fyth oddi ar hynny. Rhan o'r paratoad oedd cael golwg fanwl ar raglen y flwyddyn i weld pwy fyddai yno, yn gantorion ac yn ddawnswyr. Roedd gwledydd dwyrain Ewrop yno yn holl gyffro deinamig eu dawns a disgyblaeth broffesiynol eu canu. Ond y tu ôl i'r perfformiadau caboledig a fu'n arllwysiad iach i'n patrwm diwylliannol fel cenedl, roedd yna ddirgelion ac ofnau. I ba raddau yr oedd Llangollen yn cael ei 'defnyddio' i sgorio pwyntiau gwleidyddol? Pwy yn hollol oedd y 'cynrychiolydd' efo bob parti o ddwyrain Ewrop – a beth yn hollol oedd ei swyddogaeth? A oedd perygl fod yr Ŵyl ryfeddol yma, a sefydlwyd yn union ar ôl chwalfa fawr a gelyniaeth yr Ail Ryfel Byd, i chwalu muriau casineb a rhagfarn, yn rhan o gêm sinicaidd rhyfel arall – y Rhyfel Oer?

Beth bynnag am hynny, ar raglen 1983 roedd Côr Merched o Latvia. A bod yn fanwl, Côr Merched y Dzintars o'r brifddinas, Riga. Gan fod hyn cyn dymchwel o fur Berlin a'r ymddatod mawr o fewn gwledydd y Baltig ac o fewn Rwsia, beth gawson ni yn y rhaglen ond RIGA, Latvia, *USSR*. Ac mi roedd gweld USSR ar y rhaglen yn Llangollen yn rhywbeth newydd. Yn stori!

A dyna benderfynu dilyn y Dzintars yn ystod yr wythnos – yn y gobaith y bydden ni, ar ôl yr Eisteddfod, yn gallu mynd i Riga i

Aelodau'r Côr o Riga yn Llangollen

Yn y Sgwâr Coch, Moscow

ffilmio'r côr yn ei gynefin a cheisio dweud rhywbeth hefyd am y wlad a'i harferion. Gwaith hawdd a phleserus oedd dilyn y côr yn Llangollen. Enillodd ddwy brif wobr, a chanu'r merched gosgeiddig yn gwbl wefreiddiol. Yn gofalu amdanyn nhw – Elphira Rapina, Cyfarwyddwr Philharmonig Riga. Erbyn y Sadwrn, gofyn iddi a fyddai'n bosibl cael caniatâd i fynd i Riga i gwblhau'n stori. Canlyniad yr holl drafod oedd mynd, yn y man, i Lysgenhadaeth yr Undeb Sofietaidd yn Llundain ac i gwrdd yn ddiweddarach ag un o uchel-swyddogion Gostelradio (canolfan radio a theledu) ym Moscow.

Roedd cyfarfod y wraig ganol-oed, sylweddol o gorff ac o ddygnwch, yn Llundain, yn brofiad! Heibio i'r giard difynegiant, canu'r gloch, trwy un drws ar ôl y llall. Cloch arall, giard arall, nes cyrraedd yr ystafell hir, oer. Ac yn eistedd wrth fwrdd yn aros amdana i – Mrs. K. (heb fod yn annhebyg i Mrs. Khruschev erbyn meddwl!) A thros baned o goffi a bisged, tri chwarter awr o holi a chroesholi am bwrpas yr ymweliad. Pam Latvia yn arbennig? A oedd gen i ddiddordeb yng ngwleidyddiaeth yn ogystal â miwsig y wlad? Oedd 'na debygrwydd rhwng Cymru a hi?

Mae'n amlwg ei bod hi'n credu fy mod i'n defnyddio'r côr fel esgus i fwriadau gwleidyddol cudd. Canlyniad y cyfarfod oedd na fedrai hi ddim rhoi caniatâd terfynol: y dylwn fynd i Moscow.

Cyn gadael, ei chwestiwn olaf oedd hwn: 'Ydech chi wedi cyfarfod Sheva Shiskovsky, gohebydd yr Undeb Sofietaidd yn Llundain?' Ysgwyd pen. 'Dwi'n credu y dylech chi'.

Cyrraedd Gostelradio ym Moscow. Yr un ddefod, yr un holi manwl, diymateb. Ar ôl gosod i lawr amodau, lleoliadau a holl brotocol haearnaidd yr hen wladwriaeth honno, fe gafwyd caniatâd i fynd i Riga.

Ar ryw wib fel yna o un wlad i'r llall, mae'n amhosibl i unrhyw ohebydd neu newyddiadurwr gael darlun cywir o sefyllfa nac adnabyddiaeth ystyrlon o'r bobl. Argraffiadau yn unig sy'n aros. Maes awyr rhyngwladol Moscow yn sicr yw un o'r rhai mwyaf bygythiol, digroeso, ac unig yn yr holl fyd. Wrth ddangos y pasport, roedd yn rhaid aros am o leiaf ddau funud solet a'r gŵr yn ei lifrai milwrol yn edrych o'r llun i'ch llygad ac yn ôl i'r llun drachefn cyn rhoi nòd ddi-wên a difynegiant. Bron nad oedd rhywun yn casglu iasau o euogrwydd dan ei drem. Ond erbyn meddwl, rhywbeth yn debyg yw'r brîd swyddogol ymhob gwlad. Dyden nhw ddim yn bod i estyn croeso nac i ddweud ei bod hi'n ddiwrnod braf. Does ryfedd yn y byd i'r stiwardiaid ar British Airways agor poteli o siampên ar y daith yn ôl i Lundain gyda'r geiriau 'Ymlaciwch'. Mi fyddwn yn dychwelyd i Foscow dair gwaith ar ôl hynny a chael cyfle i ailwampio ambell ddelwedd ac ystum. Yr hyn sy'n aros o'r daith gyntaf honno yw ffurfiau cawraidd y cofgolofnau, uchder llwyd yr adeiladau, ehangder ei strydoedd a step anferth y milwyr wrth wylio beddrod Lenin.

Ar ôl dychwelyd roedd cyfarfod ac adnabod Sheva yn Llundain yn fater o ddadfythu, o weld teyrnas a gwladwriaeth yn nhermau cig a gwaed yn hytrach na thrwy sbectol ideoleg, dogma, ac anferthedd amhersonol cyfundrefnau wedi eu tagu gan ffurflenni a galwadau ffôn y biwrocrat.

Ein man cyfarfod i ddechrau oedd gwesty braf Gwyddelig yn Kensington. A hyn, wrth gwrs, cyn y meirioli mawr. A chael stori'i fywyd. Ei gefndir: Moscow a Georgia, Affrig a'r Swisdir a Llundain. Cefnogwyr brwd o'r tîm pêl-droed, y Moscow Dynamos, a fu'n gyfrwng i ddysgu gwers neu ddwy i ni yng Nghaerdydd rai blynyddoedd yn ôl! Mae'n rhaid i mi gyfaddef ryw ddiléit bachgennaidd wrth drafod y byd a'i bethau yn agored efo fo. (A phrofiad rhyfedd iawn yn ddiweddarach oedd ei weld yn cyflwyno un o'i adroddiadau o wledydd Prydain ar deledu ei wlad a finnau mewn gwesty ym Moscow, heb ddeall gair!) Mi roedd yna gynllun i ni gydweithio ar gyfres – y fo yn cyflwyno ei wlad i mi, a minnau yn fy nhro yn rhoi fy Nghymru iddo fo. Ond dychwelodd i'w wlad cyn medru cyflawni hynny.

Gan Sheva fe ges i, mewn gwirionedd, y rhagflas cyntaf o'r newid mawr oedd ar y gorwel. 'Fedrwn i ddim credu y gallai'r fath chwyldro ddigwydd mor sydyn ac mor derfynol. Hyd yn oed wrth ymweld am gyfnodau byr â'i wlad, roedd gafael y wladwriaeth a'r heddlu cudd mor amlwg, mor ddidostur. I raddau, ofn ac amheuaeth oedd yn cadw'r drefn yn gyfan. Ar ben hynny, roedd yna elfennau paradocsaidd yn Sheva hefyd. Ei duedd yn Llundain oedd chwilio am ddigwyddiadau oedd y taflu goleuni anffafriol ar ein llywodraeth a'n bywyd-pob-dydd. A hyn yn fater o ddadlau cyfeillgar ond agored. Hwyrach mai dyna yw hanes y newyddiadurwr ymhob gwlad! Roeddwn i hefyd yn cael tipyn o drafferth i rannu ei edmygedd amlwg ac eithafol am deyrnasiad Mrs. Thatcher! Iddo fo, roedd hi'n dipyn o arwres am ei bod hi'n gadarn ac yn wrthrych parch ac edmygedd ymhlith ei ffrindiau a rhai o'i gelynion. Ac wrth weld y newid syfrdanol a oedd ar ddod i'w wlad, ni pheidiodd Sheva â phwysleisio dro ar ôl tro yr angen am arweiniad

14

cryf mewn personoliaeth a pholisi. Roedden ni'n dau'n rhoi cynnwys gwahanol iawn i eiriau fel democratiaeth a *glasnost* – nid am fod ein hanian yn wahanol ond yn hytrach ein canfas a'n cefndir hanesyddol a diwylliannol.

Roedd hefyd elfen arall yn y sefyllfa. Dyma'r lle mae Vladimir Tolstoy yn dod i mewn i'r stori. Ei wraig yw Marcia, merch Sheva.

Yn ystod fy ail ymweliad â Moscow felly, roedd yn rhaid trefnu cwrdd â'r teulu bach. Mae hanes y cyfarfod cyntaf hwnnw yn ddrama ynddi hi ei hunan. Cyrraedd yr hen 'sgubor honno o westy, yr Hotel Cosmos. O'i blaen mae cerflun trawiadol yn cyfleu ymestyn y roced a'r long ofod draw i'r eangderau. Roedd rhif ffôn y Tolstoys gen i – a'i disgrifiad gen i – fe ddeuai Marcia i'm cyfarfod i'r gwesty. Ond roedd un anhawster bychan. Dydi cyfarfod mewn lle a gwlad felly ddim yn hawdd. Mi fyddwn i yn sefyll yn y cyntedd am hanner awr wedi saith. Mi fyddai Marcia yn cyrraedd – a'i disgrifiad ar y ffôn – gwallt melyn llaes a chap bach glas efo tasl gwyn. Oed: deg ar hugain. Fe'i gwyliais yn dod trwy'r drysau – troi a chodi fy llaw arni. Ond yr oedd yn rhaid egluro wrth y ddesg pwy yn hollol oedd hi a beth oedd ei bwriad. Mi fedrem ein dau fod yn rhan o ryw gynllwyn sinistr. Mi fedrai hi fod ar fin gwerthu ei gwlad, a minnau ar fin bradychu fy nhipyn Prydeindod! Ond ddigwyddodd dim mor ddramatig â hynny – er fod Moscow yn gwbl gyfarwydd â *scenario* felly.

Allan o'r cyfarfyddiad cyntaf hwnnw fe ddaeth sawl seiat wedyn yn ei chwmni hi a Vladimir ym Moscow. Yma, yn fwy felly nag yng nghwmni Sheva, y teimlais holl rym yr *intelligentsia* newydd, y gwroldeb i gyhoeddi'r gwir ac i herio'r monolith. Hwn oedd fy nghyflwyniad personol i'r crwsâd mawr oedd ar gychwyn. Mi garwn fedru dweud hefyd i mi gael fy argyhoeddi fod gweledigaeth a sŵn newydd ym mrig y morwydd. Yn sicr, mi roedd yna ganfod pydredd a gormes a diffinio pwy yn hollol oedd y gelyn. Nid oedd y llwybr newydd wedi ei fapio na fframwaith ffres yn barod i symud i'w le. Ar y funud, nid hynny oedd y bwysig. (Fel y gwelwn ni yn y man, mi roedd hynny'n boenus o wir am wledydd eraill yn nwyrain Ewrop a aeth drwy'r un gwewyr.)

Mae un atgof arall. Ar ôl hynny fe ddaeth Sheva a'i wraig Nora, Vladimir, Marcia ac Anastasia ei merch fach atom ni i fwrw'r Sul i Ruthun yn Nyffryn Clwyd. Cerdded efo'n gilydd i'r parc ac Anastasia'n dotio at y blodau ac at fwydo'r hwyiaid. Ar ôl dychwelyd, – yn un o bapurau Llundain, roedd yna lun mawr ohoni efo'i phlethen

Drake launches his Chelsea rose

Plymouth's official Francis Drake, Brian Whip, presents the Armada Rose to Anastasia Tolstoy, four

Annastasia a Syr Francis Drake

hir o wallt melyn ym mreichiau Syr Francis Drake! Roedd hi wedi mynd i'r Sioe Flodau yn Chelsea yn llaw ei thaid. Wrth y fynedfa, eisteddai actiwr wedi ei wisgo fel Syr Francis. Gwelodd yr angyles fach benfelyn yn dod a chododd hi ar ei lin. Yr union eiliad honno, roedd newyddiadurwr a ffotograffydd yn gweld y cyfan a gofyn i Sheva'r taid pwy oedd hi. A'r ateb – Anastasia Tolstoy! Dau fyd, dau gyfnod, dau ddiwylliant yn cyfarfod ymhlith y blodau!

Dychwelodd Sheva a Nora yn ôl i Moscow ac y mae Llysgennad newydd yn Llundain.

Hwyrach y cawn aduniad eto – yn Amgueddfa a hen gartref awdur *War and Peace!*

Ar lannau'r Baltig

Ers y ddeuddegfed ganrif fe ddefnyddiwyd porthladd Riga gan farsiandiwyr o'r Almaen ac uchelwyr Tiwtonig. Ar ôl hynny – Sweden, Pŵyl a Rwsia. Wedyn, ar ôl cyfnod byr o annibyniaeth o afael y Tsar, llyncwyd Latvia gan yr Undeb Sofietaidd.

Roedd gorfod mynd a newid ym maes awyr Moscow ar ein ffordd i Riga i raddau yn diffinio safle'r wlad fach o ddwy filiwn a hanner o boblogaeth.

Ar unwaith, roedd y ddeuoliaeth yn amlwg, – baneri'r ddwy wlad i'w gweld ymhob man – weithiau dim ond y faner goch. Dro arall, y ddwy efo'i gilydd. Ond allan o Riga, nifer o faneri Latvia yn unig. Ar unwaith, trafod sefyllfa iaith, nifer y mewnfudwyr o Rwsia, nerth yr oruchwyliaeth filwrol, lleoliad strategol a hynod gyfrinachol Riga fel porthladd. Roeddwn i'n gyfarwydd â thyndra o'r fath yn nyddiau fy mhlentyndod, ac wedyn yng Nghymru'r saith degau roedd y gwrthdaro hwnnw ar ei fwyaf tanbaid a hawliau'r brodorion a'r mewnfudwyr ar lefel diwylliant ynghyd â'r pwysau dros ganoli neu ddatganoli yn rhan o'r gymysgedd. Yng Nghymru o leiaf roedd gen i ryw syniad pwy oedd pwy, a natur y dadleuon. Yng Nghymru hefyd roedd natur weledig yr awdurdod gwladwriaethol yn wahanol a'n rhyddid i'w wrthsefyll neu i anghytuno ag o yn fwy agored. Roedd fy ngwlad i fel pe'n symud tuag at fesur o hunanreolaeth ac erbyn diwedd y saith degau yn ei wrthod. (1975 hefyd oedd fy mlwyddyn gyntaf fel golygydd y cylchgrawn *Barn* – ar ôl arweiniad pendant a diamod Alwyn D. Rees. Sŵn yr ymchwydd oedd un o brif nodweddion ei nodiadau golygyddol).

Wrth gwrs, ar ymweliad ychydig ddyddiau i Latvia – pa mor danbaid ac agored bynnag fyddai'r trafod – cwbl amhosibl ac afreal fyddai disgwyl gallu mynd dan groen y sefyllfa. Ond o edrych yn ôl heddiw dros gyfnod o ugain mlynedd a sbrotian ymhlith nodiadau a ffeiliau'r bererindod honno, rhyfedd yw grym ambell awgrym neu gliw: pwt o sgwrs, dyfyniad neu gân. Ac unigolion allweddol a fu'n diriaethu natur yr argyfwng.

Yn 'gofalu' amdanom drwy'r daith yr oedd un o benaethiaid teledu Latvia, Pennaeth yr Adran Materion Cyfoes, Inese Vitrus, merch yn ei deugeiniau cynnar. Yn ôl ei siarad a'i chyfarwyddiadau, casglwn mai Marcsydd oedd hi a'i goruchwyliaeth dros gyfeiriad gwleidyddol ei rhaglenni yn amlwg. Doedden ni ddim i fod i ffilmio mewn llecynnau sensitif a gobeithiai na fyddwn ychwaith yn creu 'problemau' iddi wrth lunio a dehongli. Cymerwn yn ganiataol mai unigolion tebyg iddi hi fyddai wrth y llyw ymhob sateleit cyffelyb ar lannau'r Baltig ac yn nwyrain Ewrop.

Roedd ei safbwynt weithiau yn brigo mewn eiliadau annisgwyl – ffilmio yn y Philharmonic, er enghraifft, adeilad a fu'n eglwys gadeiriol ond a gafodd ei droi i fod yn neuadd gyngerdd. Wrth ddweud yn ogleisiol wrtha i fod y lle bellach yn cyflawni diben cymdeithasol oedd yn gwneud sens i bobl yn hytrach na bod yn amgueddfa i ofergoelion, roedd hi fel pe'n herio ac yn chwilio am ymateb.

A ninnau wedi gorffen ein gwaith ac yn paratoi am droi tuag adref, fe ddaeth ag anrheg i mi i gofio amdani ac am Latvia. Llyfr bach o ledr brown golau. 'Dw'i wedi sgwennu pwt ynddo fo. Darllenwch o ar yr awyren'. A dyma'r geiriau:

'The People's Poet of Latvia, Imants Sidonis, has written beautiful and very true lines. I give them in rough translation:

> The porridge spoon and the song have the same gate that is the mouth. Let the song out first, my child, don't block the song's way by the spoon.
> The song, the music, the soul, the creative part of man, is the most vital part of him.'

Dw'i ddim yn amau am funud nad oes gan y Marcsydd uniongred bob hawl i ddefnyddio geiriau fel yna. Yn wir, mae digon o dystiolaeth fod buddsoddiad y pwerau comiwnyddol i'r celfyddydau, boed lenyddiaeth neu theatr neu 'dai diwylliant', wedi bod yn hael a mawrfrydig (beth bynnag am natur gyfyngedig eu diffiniad o swyddogaeth yr artist).

Y cwestiwn y carwn fod wedi ei ofyn iddi yw, pa mor ffyddlon i'w hathro oedd hi wrth orseddu'r gân ar draul llwy'r uwd, ac a oes lle i'r 'enaid' o gwbl yng ngeirfa'i meistr?

*   *   *   *

Pan oedden ni yng Nghymru ar dro'r ganrif yn breuddwydio efo T. Gwynn Jones a'i debyg am 'fro ddedwydd . . . hen freuddwydion'

19

roedd bardd o'r enw Raines (1901) yn canu fel hyn am ei Latvia yntau (rhyddgyfieithiad o'r gwreiddiol *via*'r Saesneg!):

Fe dorrwyd balchder yr hen goed pîn,
Gan draha y gwynt gyda'i ddwylo blin,
Ond gwrthod plygu er pob hollt a chraith
Gan edrych o hyd tua 'fory maith.

'Fe'n torrwyd, ond deall, di deyrn ein dydd,
Nad yw'r crych ar ben, nad yw'n gwreiddiau'n rhydd;
Bydd grym ein ffydd ymhob olaf gri,
A phob cangen yn hisian ei hatgasedd i ti'.

Ac er ein curo o'r brig i'r llawr,
Fe godant eto fel hen longau mawr,
Ac ymchwydd eu bronnau balch megis cynt
Yn gryfach na phwnio y storm a'r gwynt.

'Hyrddia dy donnau, di gorwynt hy',
Fe safwn eto wedi'r ddrycin ddu;
Er torri, er plygu, fe ddaw ein hawr,
Ni piau'r yfory, ni piau'r wawr'.

Roedd ambell ddyfyniad neu gân fel yna yn dweud rhywbeth wrthon ni am hanes y genedl fach a'r gwahanol foddau sydd ganddi i adrodd y stori honno. Hwyrach mai ym mhlygion hen chwedlau gwerin y ceir y dystiolaeth fwyaf cynnil a chofiadwy.

Yn Sigulda y mae bedd a stori am swyddog milwrol, am arddwr a morwyn o ferch o'r enw Maija (Mai yn Gymraeg, a'i ystyr – rhosyn – rhosyn Turaida). Stori o ddechrau'r ail ganrif ar bymtheg, pan oedd Latvia dan bawen gwlad Pŵyl. Roedd Mai mewn cariad â'r garddwr, ond roedd Jakubovskis, swyddog ym myddin Pŵyl, mewn cariad anllad â hi ac wedi penderfynu ei meddiannu, gostied a gostio. Mae'n ei hudo i ogof Gutman efo llythyr yn cario enw'r garddwr.

Mae'r wyryf yn disgwyl ei chariad ac yn gweld y swyddog. Wrth sylweddoli ei fwriadau mae hi'n dyfeisio stori – fod ei sgarff hi yn gallu gwrthsefyll pob ymosodiad. Yna, Jakubovskis yn diosg ei gleddyf, yn herio'r stori hud ac yn lladd rhosyn Turaida. Ar y dechrau, y garddwr diniwed yn cael ei bai, ond y gwir yn dod i'r fei yn y diwedd.

Hyd heddiw, yn nhawelwch Sigulda, mae bedd a blodau sy'n sôn am warth yr ogof, am raib byddin. Yno hefyd mae morwyn ddiniwed sy'n sylweddoli'n rhy hwyr nad yw hud a lledrith ddim bob amser yn ateb digonol i gleddyf y barbariaid.

Ostrava '71

Côr arall a thaith i wlad arall aeth â mi a'r criw ffilmio draw i Ostrava, tref ddiwydiannol yn Tsiecoslofacia – am y ffin â gwlad Pŵyl. Roedd côr meibion, y Gentlemen Songsters o Donyrefail o dan arweiniad Richard Williams, wedi cael gwahoddiad i gynnal nifer o gyngherddau yno.

Y tro yma, ehedeg o faes awyr Caerdydd mewn hen awyren Rwsiaidd, Ilyushin 18. Roedd hi'n symud ac yn swnio fel bws gwledig ar nos Sadwrn ers talwm a rhywun yn rhyfeddu ei bod hi'n gallu gwrthsefyll deddf disgyrchiant o gwbl. Ar ôl pedair awr o daith – glanio ar gyrion Ostrava a chofio i ni gael cip gyflym ar nifer o awyrennau milwrol Rwsia (MIGs) a chael ein tywys i gornel ddiarffordd rhag ofn i ni fod yn rhy fusneslyd!

Yn disgwyl amdanon ni, i'n cyfarwyddo a chadw llygaid arnom roedd dau o deledu Ostrava, Jaroslav a Mirek – y naill yn ganol oed a'r llall dipyn yn iau. Jaroslav a'i fodur Skoda yn ein tywys o le i le. Roedd ei gerbyd fel yr hen Ilyushin yn ddigysur a chyntefig ond yn gwbl ddibynadwy. Presenoldeb Mirek wedyn yn llai amlwg. Ychydig a feddyliais i wrth gyfarfod y gŵr hardd a bonheddig hwn y byddai'n fy ngadael yn y fath ddryswch.

Yn fuan iawn, daeth bwriadau Jaroslav yn amlwg ddigon. Ar ôl cwblhau'r daith, gobeithiai y gallem gael caniatâd iddo ddod drosodd i weld y ffilm a gwneud yn siŵr nad oedd dim byd annerbyniol yn cael ei weld na'i ddweud. Wedyn, o gael ei draed yn rhydd, mynd ymlaen i'r Unol Daleithiau i dreulio gweddill ei fywyd.

Roedd y dyhead yn un digon cyffredin. Fe dreuliais noson gyfan efo dau o gantorion y Tŷ Opera yn eu cartref a llwybreiddio fy ffordd am y gwesty trwy eira trwm, a'r wawr ar dorri. Yr un oedd dyhead y ddau hynny, – dianc. Dau mewn cawell oedden nhw, cân mewn cell. A'r byd newydd draw fan'cw dros y gorwel a thu hwnt i'r slwtsh o eira.

Pan ddaeth criw bach efo ni i'r maes awyr yn ddiweddarach i ffarwelio a dod â'u doliau a'u blodau a'u dagrau efo nhw, roeddwn i'n teimlo'n euog o anghyfforddus, Nid mater syml o fod yn ddiymadferth, ond am na ches i erioed brofiad o gaethiwed fel yna. I mi roedd llwybrau'r awyr, fel llwybrau'r meddwl a'r gydwybod, wedi bod ar agor erioed. Roedd gen i fy nhocyn dwyffordd.

Bod yn rhydd
Ydi codi pac a mynd
a dychwelyd i'r un man
a dim wedi newid.

Bod yn rhydd
ydi *medru* dychwelyd.

Bod yn rhydd
ydi cael cerdded rhwng y coed
a siarad
gan wybod
na fydd y dail yn dial.

Bod yn rhydd
ydi *medru siarad.*

Yn nhawelwch a chadernid Mirek roedd rhywun yn synhwyro dyfnach cyffro. Ac er imi gael rhan o'i stori, roedd yna ddarnau ar goll tan y diwedd. Flwyddyn ynghynt, 'roedd Dubcek wedi ei alltudio i weithio fel coedwigwr rywle yn ymyl Bratislava. Dubcek oedd wedi herio Moscow ac wedi haeru y gallai sosialaeth fod yn wyneb dynol, nid mwgwd yn unig. Roedd ei syniadau, ac efallai ei ddiffyg cyfrwystra diamynedd, wedi prysuro dydd ei gŵymp. Un o ddilynwyr Dubcek oedd Mirek – ac oherwydd hynny ei le o fewn y byd teledu yn sigledig.

Fe ddaeth y cyfan i'r wyneb un noson pan oedd tri ohonom yn cael swper. Roedd y bwrdd mewn cornel o'r ystafell fwyta ac yn agos at y ffenestr. Heb air o eglurhad, dyma Mirek yn codi'n ddistaw gan roi arwydd i ni ei ddilyn. Setlo ar fwrdd ynghanol yr ystafell. 'Wedi newid bwrdd' medde fo 'am fod gan ffenestri a llenni glustiau'. Gan dynnu darn o bapur allan o'i boced, ychwanegodd fod cyfeiriad a rhif ffôn ym Mhrâg arno a'i fod i roi galwad yn nodi'n sgwrs a'n trafodaeth. Malodd y darn papur a'i roi'n ôl yn ei boced. Fe fu efo ni unwaith neu ddwy ar ôl hynny.

Nid oedd ymhlith yr ychydig a ddaeth i ffarwelio â ni yn y maes awyr. 'Bod yn rhydd ydi medru siarad'.

*　　　*　　　*　　　*

Beethoven piau gweddill yr hanes. Ymweld â chastell Hradek yn ymyl gwlad Pŵyl lle y deuai'r cyfansoddwr i aros ac i gyfansoddi. Un tro, fe wrthododd gais rhyw elfen fwy Philistaidd na'i gilydd mewn cyngerdd. Gadawodd y lle gan ddweud, 'Mae rhyddid yn bwysicach i mi na bywyd'. Mae'r geiriau hynny ar y castell hyd heddiw.

Y nos Sul olaf, mynd i'r Tŷ Opera yn Ostrava i weld perfformio opera Beethoven, *Fidelio*. Mae'r rhaglen gen i o hyd. Doeddwn i fawr o feddwl y noson honno y byddai Leonora'n dod yn enw llachar ar lwyfan y byd – Eva Gebauerova.

Fe fu dau funud o'r perfformiad hwnnw ymhlith profiadau mwyaf ysgytwol fy mywyd. Mae Florestan yn garcharor yn y ddaeargell, ond yn y diwedd, ym mhresenoldeb ei gariad, y sadist o reolwr, Don Pizzaro, a'r llywodraethwr Don Fernando, fe ddaw gorchymyn i'w ryddhau. Mi gofiaf yn sicr ddeuawd y ddau gariad, gorfoledd eneiniedig Florestan a chytgan y carcharorion eraill wrth glodfori'r dydd. Ond, â'r llwyfan yn llawn o ffigurau tywyll bygythiol ac unffurf (y wladwriaeth ormesol), dyma ddatod cadwynau'r carcharor ac yntau'n sefyll mewn llafn o oleuni. Yn hytrach na chael miwsig yn gyfeiliant fe gafwyd sŵn y cadwynau'n disgyn yn glatsh ar y llwyfan *mewn distawrwydd*. Roedd ochenaid cenedl yn y tawelwch bygythiol hwnnw. 'Mae rhyddid yn bwysicach i mi na bywyd'.

'Ima Dana'

Dair blynedd yn ddiweddarach, 1974, roeddwn i ar dramp unwaith eto – taith ddeufis ar ysgoloriaeth HTV a Chyngor y Celfyddydau. Prosiect eithaf pen-agored: lle'r llenor ym myd y cyfryngau. I'r diben hwnnw, ymweld â chanolfannau teledu yn Stockholm, Copenhagen, Paris, Rhufain; tair canolfan yn yr Almaen ac ymlaen i Iwgoslafia (Lublijana [Slofenia]), Zagreb [Croatia] a Belgrade [Serbia]).

Er gwell, er gwaeth, trwy ffenestr y bocs bach y bydd y mwyafrif mawr yn derbyn, yn dethol ac yn llunio'u patrymau diwylliannol, beth bynnag am eu canllawiau moesol a'u penderfyniadau gwleidyddol. Yn llun, yn llais, yn eiriau a nodau a 'swn afrywiog hen y byd', hwn oedd y gwaredwr a'r bwgan. Rheoli'r bocs oedd rheoli'r byd.

Roedd amryw o gwestiynau i'w gofyn. Pa mor bwysig oedd cyfraniad llenor a bardd? Faint o raglenni oedd yn rhoi lle i'r dychymyg ac i'r ysfa greadigol? A sut oedd rhoi mynegiant iddyn nhw drwy'r cyfrwng newydd, efo'i holl ddyfeisiadau technegol? Beth oedd cyfrifoldeb y cyfryngau tuag at warchod a hybu lleisiau newydd ac arbrofol? Roedd yr holi yna, wrth reswm, yn cwmpasu cyfrifoldeb y wasg a'r byd cyhoeddi. Ac yn y diwedd, gofyn – pwy sy'n gyfrifol? Pwy sy'n penderfynu beth a faint sy'n cael ei ddweud? O safbwynt newyddion a materion cyfoes, pa mor agored fyddai'r trafod, pa mor onest y stori, a pha mor rhydd y gohebydd? A oedd gwarchod buddiannau neu gyfiawnhau polisi ac ideoleg y wladwriaeth yn golygu mai estyniad o hynny oedd y stiwdio deledu? Mewn gair, beth oedd natur yr awdurdod gwleidyddol canolog a'i gyfiawnhad?

Cwestiynau ydyn nhw y mae'n rhaid i ni eu gofyn o un genhedlaeth i'r llall os yw ein democratiaeth a'n rhyddid i olygu rhywbeth amgenach na sloganau.

Yn y gorllewin ein tuedd ydi credu mai ymholiadau i natur y bloc comiwnyddol a chaethiwed dogma yw cwestiynau o'r fath. Roedden ni wedyn yn dosbarthu'n hwylus. Roedd ganddoch chi'r cydymffurfwyr, y disgyblion ffyddlon, a'u byd a'u bara yn dibynnu ar ailadrodd polisi'r parti wrth ddehongli'r digwyddiadau neu ddehongli hanes.

Gwrthryfelwyr a bradwyr oedd y gweddill. Llef yn yr anialwch. Cri o'r Gulag.

Dosbarthiad cyfleus a thywyllodrus ydi o. Buan iawn y daeth rhywun i sylweddoli bod rheolaeth wleidyddol a chyfeiriad economaidd y gwledydd 'rhydd' cyfalafol (a sosialaidd) yn gallu bod yr un mor drylwyr er nad mor amlwg ormesol â'r pwerau Comiwnyddol. Mae caethiwed busnes ac addysg y breintiedig yn gallu bod yr un mor ddifaol i'r ysbryd creadigol â dogma Marx neu ffwndamentaliaeth grefyddol. Gall etholedigion elitaidd lywodraethu ymhob byd.

Ar ei waethaf, mae'r pegynu yma wedi bod yn ddinistriol, gan lygru unrhyw ymgais i ddod yn agos at y 'gwir' neu ein dwyn yn nes at ein gilydd.

Ar fy nhaith fe welais i ddigon o bropaganda amrwd, moli medalau a mawrdra, effeithiolrwydd tractor a thanc, neu ysgerbwd MIG mewn iard ysgol, rhamantu gwerin y gaib a'r rhaw, heb sôn am y portreadau cartwnaidd o Ewyrth Sam a'i bartneriaid pwdr yn y Gorllewin. (A'r eironi creulonaf: yr 'artistiaid' oedd wrthi yn cynhyrchu'r stwff yma oedd yn cael yr anrhydeddau uchaf a llawryfon y wladwriaeth.)

O'r ochr arall yn ein byd ni yn y Gorllewin a'r 'byd newydd', yr un mor wrthun oedd moli penrhyddid nad oedd yn credu mewn dim ond rhwysg doleri a'r diwylliant a'i dilynai fel pla i bobman. Mi roedd 'efengylwyr' y Farchnad Rydd hefyd ar fyrddau braint ac yn Brifweinidogion. Ar yr ochr gadarnhaol, fe welwyd toreth o raglenni yn dangos ffresni ac yn herio'n rhagdybiau cyfforddus: dogfennau peryglus yn lleisio unigrwydd, alltudiaeth a gobaith pobl yr ymylon yn ceisio dianc rhag yr ystrydeb hwylus a'r bragmatiaeth amser byr.

Fel Cymro roeddwn i'n chwilio am rywbeth arall hefyd – y lliwiau unigryw hynny a ddylai fod yn rhan o gynhysgaeth pob cenedl. Chwiliwn am arwyddion fod rheolwyr y cyfrwng pwerus yma yn ymwybodol o'u cyfrifoldeb i adrodd stori hen a newydd y llwyth. Ysywaeth, er fod yr ieithoedd yn wahanol, roedd gormod o lawer o batrymau benthyg wedi eu mewnforio. Yn hytrach na gwrthsefyll imperialaeth ac unffurfiaeth, mae'r cyfundrefnau teledu fel pe'n eu coleddu – yn estyniad yn hytrach nag yn atalfa ar eu grym.

*   *   *   *

O wybod beth fu hanes yr hen Iwgoslafia erbyn hyn, mae'n naturiol i mi oedi a chofnodi ambell *cameo* a seiat ar y daith. Yn Lublijana, prifddinas Slofenia, roedd hi'n ddigon hawdd darogan pam y bydden nhw'n torri'n rhydd – pobl wahanol, yn debycach o lawer i drigolion eu cymdogion yn Awstria. Ar unwaith, roedd y sgwrs yn troi o gwmpas iaith a barddoniaeth. Slofeniaid oedden nhw yn y bôn, a Belgrâd ymhell i'r dwyrain. Fe gefais fy atgoffa fwy nag unwaith fod rhyw gymaint o waed a chrefft y Celt yn perthyn iddyn nhw. Roedd eu harwahanrwydd yn amlwg a'u cyfoeth yn rhoi hyder i'w breuddwydion a chyhyrau i'w dadleuon economaidd. Estyniad o Ewrop yn hytrach na chymydog iddo yw hi.

Ar y daith i Zagreb yn Croatia, edrych allan ar fugeiliaid, yn wŷr a gwragedd a phlant, yn cylchu'r defaid a'r gwartheg. O fewn y cerbyd, cwmni teithwyr swniog, tywyll eu croen, yn dychwelyd adref at eu teuluoedd i Montenegro o'r diwydiant moduron yn Munich. Yn ôl fy nodiadau:

'Ebrill 16, 1974. Treulio diwrnod yn gwylio rhaglenni, dawns, materion cyfoes a drama. Yfory cyfarfod Alexander Bjelousov, Pennaeth Rhaglenni Diwylliannol ac Artistig'.

Un o'r dyddiau sy'n aros yn glir yn y cof ar ôl ugain mlynedd yw hwnnw. Mynd allan i'r wlad ein dau a hithau'n ddiwrnod o wanwyn ac i dŷ bwyta bach yn llawn o oglau cegin, ffrwythau, blodau a gwin i gynhesu'r galon ac i ddatod tafod a chalon! Yn fwy na dim – tawelwch.

Ar ôl yr holl ruthro o wlad i wlad, o swyddfa i swyddfa ac ynghanol byd cwbl ddieithr i mi a heb fedru cael sgwrs go iawn â neb, hawdd deall effaith seicolegol y llonyddwch a'r gegin wâr ym mherfeddion Croatia.

Fe all dieithrwch gwlad (a pherson) greu unigrwydd llethol. Ond mae iddo hefyd ei bosibiliadau cynhyrfus. Wrth ddod wyneb yn wyneb â pherson sy'n cario efo fo fwndel o ragdybiadau a chefndir hanesyddol gwahanol fe gawn ein gorfodi i ailystyried yr hyn sydd wedi bod yn gyfarwydd ac yn solet yn ein cefndir ni. Dyna pam ein bod ni'n teimlo'n gyfforddus (fel rheol!) yng nghwmni'r hyn yr yden ni yn ei ddeall a'i nabod – pobl sy'n rhannu yr un ffrâm o ddiwylliant â ni. Mae'n deimlad braf. Mi fedr wrth gwrs droi yn llosgach di-ffrwyth.

Roedd fy nghydymaith yn gynnyrch dau fyd. Ei dad yn Rwsiad ac yn swyddog yn y Fyddin Wen. Wedi dianc i Iwgoslafia, priododd â merch o Croatia. Yn yr Ail Ryfel Byd, ymunodd â'r *partisans* o dan arweiniad Tito, arwr y tad a'r mab Alexander.

Wrth ysgrifennu'r geiriau yma heddiw, mae hi'n gyfnod o geisio dod â rhyw fath o heddwch yn ôl i'w wlad. Maen nhw hefyd yn chwilio am y miloedd cyrff a gladdwyd pan droes cymydog yn erbyn cymydog.

Ond sôn am gyflafan arall yr oedden ni ar y diwrnod hwnnw yn y saith degau allan yn y wlad ar gyrion Zagreb. Dod i ddeall rhywbeth hefyd am yr hunllef o fod mewn sefyllfa ddaearyddol sy'n faes gwrthdaro rhwng dwyrain a gorllewin Ewrop, heb sôn am y rhaniadau hen a gwenwynig o fewn y wlad. Wedyn roedd rhywun yn dechrau amgyffred maint y gamp a maint y gwewyr sydd wedi crynhoi o gwmpas yr enw Tito, mab i dyddynnwr tlawd.

Yn y rhyfel yn erbyn yr Almaen a'r Eidal, roedd Prydain Fawr, Rwsia a'r Amerig hefyd â'u bysedd yn y cawl – pob un yn cynllwynio i gadw Iwgoslafia o fewn cylch eu dylanwad. Tito'r cyfrwys a'r carismatig yn defnyddio pob ystryw ac yn chwarae un yn erbyn y llall, yn derbyn nawdd Stalin ac yn amheus ohono yr un pryd. Stalin yr un mor wyliadwrus ohono yntau. Roedd Tito yn arwain un garfan o'r *partizans*, a'i elyn Mihajlovic yn arwain carfan arall. Ac i ychwanegu at y gymysgedd, yr Ustashi, byddin gudd Naziaidd wedi ei ffurfio ar dir Croatia. Rhwng y dair elfen yma y bu'r rhyfel ar ei fwyaf didostur. Roedd y barbareiddiwch 'mewnol' yma'n waeth na dim a anelwyd at yr Almaenwyr na'r Eidalwyr. Churchill, wedyn, ar y dechrau yn ochri efo Mihajlovic, cyn troi at Tito. Yna yn cyfaddef iddo newid ei feddwl yr ail dro ac yn teimlo'n euog iddo erioed ymddiried yn Tito! Ar y ddau ffrynt, does ryfedd mai cymysgedd o siniciaeth, arwriaeth ac o dorri cyfamod sy'n nodweddu'r cyfnod.

Mae un stori'n crynhoi'r cyfan. Yn 1944 roedd Stalin yn pwyso ar Tito i dderbyn y Brenin Pedr yn ôl i'w orsedd. (Roedd sibrydion fod Prydain a'r Amerig ar fin glanio i agor ffrynt newydd.) A geiriau Stalin wrth Tito: 'Does dim raid ichi ei gadw ar yr orsedd am byth. Derbyniwch o dros dro. Pan fydd yr amser yn addas, mi fedrwch roi cyllell yn ei gefn'.

Trwy'r cyfan i gyd fe gadwodd Tito ei wlad rhag crafangau pob un o'r pwerau mawrion. Llwyddodd hefyd lle y methodd Dubcek, a llunio rhaglen heb y ddogma Farcsaidd nac ymlyniad slafaidd wrth ideoleg dwyrain na gorllewin.

Hyd yn oed yn 1974 roedd fy nghydymaith Alexander Bjelousov yn ddigon o realydd i gydnabod bod angen mwy na nerth unben i gadw Iwgoslafia yn ffederaliaeth sefydledig. Roedd o'n gweld y ddilema yn ei rhaniadau mewnol ac yn y polisi tramor. Simsan fu'r berthynas rhwng Moscow a Belgrâd o'r dechrau – a'i bodolaeth yn y diwedd ar drugaredd y pendilio rhwng un pŵer mawr a'r llall. Mae gwledydd bychain Ewrop yn cael eu gorfodi i gamblo'u goroesiad y tu ôl i'r faner sydd debycaf o ennill y dydd. Heb sôn am geisio cysoni grym effeithiol yn nwylo'r un neu'r alwad am roi llais a chyfrifoldeb i'r llawer a chael y canol a'r cyrion i ddawnsio i'r un miwsig.

Mae pob Tito'n anghenraid a'i ddymchweliad yr un mor anochel. Yn ein sgwrs fe gyfeiriwyd hefyd at Solshenitsyn a'i alltudiaeth o'i famwlad. Bellach fe ddychwelodd ond bu'n gyson ei gondemniad ohoni hyd yn oed ar ôl cael ei dderbyn yn ôl i'r gorlan. Yn y saith degau, er bod y Rhyfel Oer a'r propaganda o'r ddwy ochr yn eu hanterth, rhaid oedd gofyn y cwestiwn – a fyddai'r hinsawdd drahaus a chaethiwus a ddisgrifiwyd mor ingol gan Solshenitsyn yn debygol o newid? Roedd yr ateb yn un pendant: 'Fedrwch chi fyth newid Rwsia o'r tu allan. Tydi ei hynysu, ei beirniadu na'i chosbi'n economaidd ond yn ei hystyfnigo'. (Does dim angen mynd mor bell ag Iwgoslafia i werthfawrogi'r seicoleg yna!)

Fe wyddom bellach beth ddigwyddodd o fewn yr Undeb Sofietaidd a'i phartneriaid ym Mloc y Dwyrain. Codi muriau, mynd yn ddyfnach i'n ffosydd a chodi dau fys ar y byd ydi'n hanes ni pan mae'r un bys yn cael ei gyfeirio atom ni. A hynny nid yn unig am na fynnwn ni gyfaddef ein gwendid ond am ein bod ni hefyd yn amau hawl y beirniaid i osod eu llinyn mesur arnom ni.

Mae hyn yn berthnasol i Iwgoslafia yn niwedd yr ugeinfed ganrif. Un peth yw dod â nerth braich o'r tu allan ond 'dyw rhwystro rhyfel ddim yr un peth â chreu heddwch. Nid trwy orfodaeth, o'r tu fewn neu tu fas, y mae creu cymdogaeth. Nid mater o ufudd-dod nac awdurdod ydi o yn y bôn. Mae creu brawdoliaeth o fewn y fath raniadau llidiog yn gofyn am rym cryfach na deddf a dwrn.

*   *   *   *

Belgrâd oedd terfyn y daith. Fe ddylai fod yn uchafbwynt hefyd fel canolfan weinyddol Iwgoslafia. Ond yn Lublijana a Zagreb, niwsans angenrheidiol oedd hi ac yn rhan o'r amheuaeth barhaus fod breuddwyd yr un Serbia fawr yno o hyd. Yn rhyfedd iawn, er chwilio trwy ambell nodyn neu ddarlun, does gen i'r un cofnod am na thrafodaeth na rhaglen!

Sefais i edrych i lawr ar fwa'r afon Danube a sylweddoli ei bod hi'n

28

ymestyn o Awstria draw i'r Môr Du. Draw fan'cw – Rwmania ac eangderau Rwsia. Cofio geiriau Tito:

'Rydw i'n arweinydd gwlad efo dwy wyddor, tair iaith, pedair crefydd, pum cenedl, chwe gweriniaeth ac wyth o leiafrifoedd cenedlaethol'.

(Yn ôl rhai, dylai'r wyth fod yn ddeunaw!).

Mynd i lawr am bump o'r gloch i wasanaeth yn yr Eglwys Uniongred. Y lle fel ffair. O fewn y cylch, roedd allorau a chanhwyllau, offeiriaid mewn corneli'n canu salmau, offeiriad yn cadw trefn ar y dyrfa. Rhai yno'n addoli. Mwy yn rhythu. Ar y cyrion, rhuthr y camerâu, gwerthu balŵns, blodau real a phlastig, clychau, teganau. Sipsiwn yn cario babanod llegach. Hen wraig efo'i baglau wrth y porth, eraill yn dod i gusanu'r ddelw ac i gael bendith ar eu talcen. Pigo cangen – ac allan. Rhyw gyfuniad ffwndrus o flerwch a swn a sancteiddrwydd. Dau gardotyn yn begera, un heb goesau yn crafangio ar ei ddwylo, a'r maluriedig a'r methedig yn ceisio rhyw ddinas noddfa a rhyw falm nad oedd wedi ei gaethiwo i eiriau maniffesto.

A'r canu dwfn, fel pe'n dod o hen greigiau'r canrifoedd. Gyda'r nos, es i lawr i'r hen Belgrâd – i Skadarlija. Hwn oedd Montmarte Paris a Trastevere Rhufain. Yno grwpiau'n canu ac yn dawnsio i hen alawon y wlad.

Troi i mewn i *Ima Dana,* lle bwyta bychan. Gwau fy ffordd i mewn trwy barti priodas.

Ystyr *Ima Dana?* Rhywdro cyn hanner nos, cael yr ateb i gyfeiliant miwsig y sipsi:

'Y mae dyddiau pan na wn be' i'w wneud,
Y mae dyddiau pan na wn be' i'w ddweud,
Y mae dyddiau pan mae nghalon yn llawn o boen,
. . . eto, ac ni wn paham . . . rwy'n dy garu di'.

Rhywbeth fel yna. *Ima Dana . . .* y mae dyddiau.

Ar y waliau roedd lluniau beirdd a llenorion. O gwmpas y byrddau, tri gŵr urddasol gyda'u lleisiau dwfwn, dwfwn fel yr eigion. Roeddwn i wedi clywed yr un dinc yn yr eglwys. Yma yn *Ima Dana* roedd y dwyfol wedi daearu. Yn oriau mân y bore, ymuno â nhw ore' medrwn i a mentro lluchio un o alawon gwerin fy mhobl i'r gyfeddach. Cofleidio, gan deimlo fod y nodau yn chwalu'r muriau a rhwystredigaeth geiriau.

Mewn eiliadau fel yna o hyd, fe chwelir ein holl ideolegau, holl barchusrwydd stiff ein protocol, ein hamheuon a'n duwiau annigonol.

29

Crwydryn yn yr Oes Atomig

(Matej Bor)

Yn Slofenia mi ges i amryw lyfrau i'm helpu i ymgydnabod â'i llenyddiaeth. Yn eu plith y llyfr uchod. Matej Bor oedd yr enw a roddodd arno'i hun yn ystod y rhyfel. Ei enw iawn yw Vladimir Pavsic. Casgliad o bedair ar ddeg o gerddi dan yr un testun yw'r llyfr. Gan fod y gyfrol yn y gwreiddiol yn ogystal â chyfieithiad Saesneg, roedd hi'n bosibl cael rhyw grap ar eu mesur a'u rhythmau. Fe'i cyfieithwyd yn ei chyfanrwydd i Serbo-Croat, Ffrangeg ac Almaeneg a rhannau ohoni i sawl iaith arall.

Fe'i lluniwyd yn 1957. Lledgyfieithiad o un ar ddeg o'r cerddi sydd yma. Dyfynnaf o'r cyflwyniad:

'Mae cân Bor yn rhoi mynegiant arbennig a chyfoes i lais a phryder cenedl fechan wyneb yn wyneb â bygythiad yr oes atomig a'r posibilrwydd y gall darganfyddiadau mawr gwyddoniaeth gyfoes, yn arbennig ei thechnoleg ac yn nwylo atgasedd a chwerwder, droi yn ddinistr i'n planed gyfan'.

1

Aeth crwydryn drwy'r oes atomig
a gweld
fod y coed yn rhedeg i ffwrdd oddi wrthi.
Rhuthrodd ar eu hôl
'Peidiwch â mynd, goed,
Os ewch chi
fe â cysgodion hefyd
ac os â nhw
ple y caf fi, grwydryn, orffwys
ar ôl blino cerdded
drwy'r oes atomig?'
Ond dianc a dianc
fu hanes y coed a'r cysgodion.
'Peidiwch â mynd, peidiwch â mynd.
Os ewch chi
fe â'r gerddi hefyd o hiraeth ar eich hôl,
ac os â'r gerddi

fe â'r adar hefyd o hiraeth amdanoch,
ac os â'r coed, y gerddi a'r adar ymaith
fe â cariad hefyd.
Ac os â cariad . . . . . . '
Ond doedd y coed ddim yn gwrando,
ddim ond dianc a dianc
gan adael yr oes atomig o'u hôl.

2

Aeth crwydryn drwy'r oes atomig.
Ar ôl dringo i'r uchelderau,
edrychodd i lawr –
ymhobman
cyn belled ag y gwelai llygad–
concrid a haearn
a'r golau neon yn taflu cysgod
disymud, hir, ar draws amser.
Gwyliodd y crwydryn y cyfan
ac o ddyfnder diymadferthedd ei galon,
wylodd.
Disgynnodd ei ddeigryn i'r llawr,
ac yno roedd deryn i'w yfed.
'Pam fod dy ddeigryn mor chwerw?'
a chyn i'r crwydryn lunio ei ateb arferol
'Dw'i ddim yn gwybod'
roedd y deryn yn farw.
Ei gario i lawr i'r oes atomig i'w gladdu.
Ond ofer fu'r cyfan.
Ymhobman – concrid a haearn,
haearn a choncrid,
heb ddigon o ddaear i fagu blodau ac adar,
i lunio beddrod aderyn, a phlannu arni flodyn.

3

Aeth crwydryn drwy'r oes atomig.
Yn y farchnad, lle mae popeth a'r werth,
o'r ffrwythau i lili'r dyffrynnoedd
yn y gwanwyn cynnar –
gwerthoedd ei galon.
o'i gwerthu – 'Be' ga i brynu?'
Gofyn i'r aderyn, 'Ga'i dy brynu di?'
'Be' wnaet ti efo mi a thithau heb galon?'
Ac wrth gi – 'Ga' i dy brynu di?'
'Heb galon wnaet ti ddim ond fy nghuro i'.
Gofynnodd i'r seren, 'Ga' i dy brynu di?
'Ymhle y gosodet fi, a thithau heb galon?'

O'r diwedd, mynd ati i adeiladu bwthyn
yno ar gyrion yr oes atomig.
Wrth basio, mi fydden yn gofyn –
'Pwy sy'n byw yn y bwthyn
nad yw fyth yn agor ei ffenestri na'i ddrws?'
Atebodd y bwthyn –
'Mae yma ddyn yn cuddio
o gywilydd am werthu ei galon'
'Mae'n rhaid fod y pris yn isel'
oedd sylw'r dyrfa gan yrru ymlaen yn eu moduron mawr
– ymlaen drwy yr oes atomig.

4
Aeth crwydryn drwy'r oes atomig
gan gyfarfod â dyn
a dynnodd ei enaid yn ddarnau
a methu eu rhoi'n ôl drachefn.
'Rôl talu'r pris angenrheidiol i'r dieithryn
am ei ddadelfennu
rhoddodd ei ddarnau enaid mewn parsel
a symud ymlaen
o un seiciatrydd i'r llall.
Ond roedden nhw fel plant yn malu teganau
a'u gadael yn strimstramstrellach ar hyd y lle.

'Rôl blino
anghofiodd ei barsel mewn gorsaf.
Yn swyddfa'r Eiddo Coll
fe ffwndrodd yn lân
am na fedrai ddisgrifio 'i barsel ei hun.
Yr unig wybodaeth a feddai –
fod ei enaid yn ddarnau mân.
Ond roedd eneidiau felly yn bentyrrau
ar silffoedd y swyddfa

5
Aeth crwydryn drwy'r oes atomig
a chyfarfod â theithiwr arall
'I ble'r ei di, grwydryn?'
'Dim syniad'.
'Na finne'.
'Yna tyrd efo mi, fe awn ni i rywle'.
A mynd.
Ymunodd y trydydd heb ofyn am unrhyw gyfeiriad
ond yn falch fod rhywun yn arwain y ffordd.
Felly'r pedwerydd, y chweched, y degfed,
y milfed, y can-mil.

Y cyntaf wrth yr ail:
'I ble'r â'r fintai hon?'
'Mae hi'n ein dilyn ni'.
'Ond wyddan nhw ddim na wyddon ni ddim . . .'
'Na wyddan'.
'Rhaid deud'.
'O ddeud fe gawn ein lladd'.
'Fe awn ni bawb i'w ffordd ei hun'.

Gwahanu.
O'u hôl fe fu'r fath bandemoniwm
nes crynu holl seiliau'r oes atomig,
roedd y mob ar y groesffordd heb wybod
pa un o'r ddwy ffordd oedd yr union ffordd.
na phrun i'w dilyn.
Cyn i'r crwydryn encilio o'r clindarddach
roedd y gwaed yn llifo,
yn waed i gyd ar ymylon amser.

Syllodd yn syn ar yr oes atomig
Nes i Drallod ei hunan ddiflannu o'r fan.

6

Aeth crwydryn drwy'r oes atomig
gan lithro dros y trothwy.
'Beth sydd y tu hwnt?'
'Tawelwch'
'Ac yn y tawelwch?'
'Y Gwir'.
'A gaf fi groesi'r trothwy?'
Gwaedd y gwerthwr-papurau'r dydd:
'Rhaid i bob milwr cofrestredig ymuno
AR UNWAITH'.

Cyhoeddwyd rhyfel ar Dawelwch.
Yn fuan wedyn
Croesodd y crwydryn ei drothwy.
Roedd helm ar ei ben.

7

Aeth crwydryn drwy'r oes atomig
a breuddwydio
iddo gludo cleddyf o amgueddfa.
EIDDO CESAR.
'Be' wnei di â mi? gofynnodd y cleddyf.
'Cei orchfygu teyrnas

– rwyt ti'n gyfarwydd â hynny'.
Gorchfygodd deyrnas
yno ar draethau'r oes atomig
am mai eiddo Cesar oedd o
ac yn hen gyfarwydd â choncro.
Ond er llwyr orchfygu'r deyrnas,
daeth ofn dros y crwydryn –
Beth petai'r deyrnas yn ei orchfygu o?
Dywedodd wrth gleddyf Cesar:
'Bydd yn amddiffyn i mi'.
Ac fe fu'n amddiffyniad rhag brad y deyrnas
am ei fod yn hen gyfarwydd â chwyldro felly.
Wrth sychu'r gwaed ar lafn ei gleddyf,
un gorchymyn arall:
'Nawr tyrd â dedwyddyd i mi'.
Aeth y cleddyf o gwmpas gan rwygo dedwyddwch
o fynwes ei bobl a'i osod wrth draed ei feistr.
Sathrodd ddedwyddwch y bobl o dan ei draed.
'NID EU DIDDANWCH HWY YW FY NIDDANWCH I.
Tyrd â *hwnnw* yn ôl i mi'.
Doedd cleddyf Cesar ddim wedi arfer â hynny.

8

Aeth crwydryn drwy'r oes atomig.
Nid crwydryn mohono mwy
ond Tynged
yn taranu trwy'r nos
ar adenydd alwminium
gan orchuddio'r ddaear
a charpedi marwolaeth,
yn gadael yr hyn a ellid ei adael ar ôl.
Dywedodd wrth ei galon
'Cau dy ddrysau i mi gael cuddio yno . . .'
Cnoc!
'Pwy sy' 'na?'
'Agor!'
O'i flaen, merch –
'Tyrd efo mi', medde hi.
Ymlaen dros y carpedi marwolaeth
gan aros o flaen drych baroc
a oedd wedi goroesi'r dinistr.
Sefyll o'i flaen gan gribo'i gwallt.
'Rwyt ti'n hardd', medde'r drych.
'Mi *roeddwn* i'n hardd,' medde'r ferch,
'cyn i Dynged daranu drwy'r nos
a'm gweddnewid yn ôl ei ewyllys a'i flys'.

'Gwêl'.
Edrychodd, a'i barlysu gan ddychryn.
'Ple mae dy lygaid?'
Rhoddodd iddo ei llaw agored,
'Cymer fy llygaid – i gofio.
Fyddan nhw ddim trafferth i ti'
Mae nhw wedi peidio wylo ers tro.

9

Aeth crwydryn drwy 'r oes atomig
a chael gweledigaeth:
Roedd o'n siglo'n uchel mewn gondola arian
a'r ddaear is-law fel wyneb lleuad,
roedd cromen olaf pob gobaith
dan orchudd o lwch,
ac yn y llwch –
yr atgof olaf o'r hyn a fu,
a llu o ellyllon atgas.
Cyrraedd y cafn
lle roedd y cymylau wedi gwasgu'r ychydig law
nad oedd yn law.
Neidio i mewn, ac yfed.
Sychu y safnau nad oedd yn safnau
a dwylo nad oedd yn ddwylo.
Syllu â llygaid nad oedd yn llygaid
i fyny ar y gondola.
'Pwy 'dech chi?' gofynnodd y crwydryn
wrth yr ellyllon hyll.
'Dy wyrion, –
Yr hil atomig'.

10

Aeth crwydryn drwy 'r oes atomig.
Ar ffin y ffordd asffalt, gweld march.
'Eistedd yma,' medde hi,
'ac fe gawn aros i ddisgwyl y gwanwyn'.
'Os daw'r gwanwyn, be' wnawn ni?'
'Gorwedd efo'r daffodil a llygad y dydd,
syllu ar y cymylau gwyn
ac os daw glaw,
cau ein llygaid i'r dafnau syrthio ar ein hamrannau'.

Daeth y gwanwyn
i'r daffodil a llygad y dydd a'r cymylau gwyn.
A'r glaw, fel pob glaw a fu erioed,
ond ar amrannau'r ddau, oherwydd yr aros hir;
disgynnodd marwolaeth hefyd.

11

Aeth crwydryn drwy'r oes atomig
a chyrraedd y clawdd terfyn rhwng Bod a'r Darfod.
Pwysodd ar y clawdd gan ddisgwyl i rywun
gyrchu ei basport.
Ar yr ochr yma
cerddai gwyliwr efo mwgwd llawfeddyg.
Ar yr ochr arall
fel gwyliwr ar unrhyw derfyn
yn gwylio â llygaid nad oeddynt lygaid.
Edrychodd y crwydryn
i fyw y ddwy soced o lygaid yn llawn o sêr.

Pan gyrchwyd ei basport iddo
a chodi'r gwahanfur,
gafaelodd yn y pac a gariai ei fywyd
a chamu i'r tu hwnt.

Tynnodd y gwyliwr y masg,
taniodd ei sigaret gan ddweud:
'Gresyn ei fod mor ifanc'

Un o Blant y Chwyldro

(Yn ystod ymweliad â Roumania, 5-12 Mai 1990, ar ôl dymchweliad Ceausescu wythnos cyn yr etholiad, cyfarfûm â pheiriannydd sy'n dewis aros yn ddienw, un a gafodd ei saethu yn y terfysg. Gŵr deunaw ar hugain oed a Swyddog Safonau yn Brasov. Recordiais y sgwrs a dyma'i stori).

Y CEFNDIR

Yn blentyn o dan yr hen gyfundrefn Gomiwnyddol fe sylweddolais yn fuan fod gagendor mawr rhwng syniadau a realiti. Roedd y parti'n sôn yn barhaus am wella safon byw i *holl* drigolion Roumania – yn fwyd ac yn ddillad. Ond roeddwn i'n gwisgo dillad fy chwaer hynaf, a bwyta unrhyw beth oedd ar gael. Gorfod aros yn hir hefyd am wahanol nwyddau yn y siopau.

Rhwng 1970 a 1975, fe fu gwelliant – blynyddoedd cyntaf Ceausescu. Roedd fy rhieni wedi bod yn sôn am ddyddiau llwm y pedwar degau dan deyrnasiad y Rwsiaid, ond, ar y dechrau, ddim yn barod i gredu fod gwendidau mewn Comiwnyddiaeth. Yna sylweddoli fod storïau fy rhieni yn wir. Wrth dyfu i fyny, ddim yn gallu mynd i wledydd eraill, na chael llawer o gyfle i gyfarfod estroniaid yma. Roedden ni'n clywed yn feunyddiol fod y gyfundrefn gyfalafol yn beryglus ac y byddai'n marw'n fuan ac anorfod. Fod hedyn dinistr o'i mewn. Yr unig lwybr – llwybr y Comiwnydd. Celwydd oedd y cyfan.

Yn yr Ysgol Uwchradd, gwrando ar fiwsig. Yn 1970, dim miwsig o'r gorllewin, dim ond miwsig Roumania. Pam? Dechrau darganfod caneuon y Beatles a roc – clywed am bobol ifainc dros y byd i gyd eisio gwell byd – heddwch yn lle rhyfel. Roedden nhw'n dweud wrthon ni fod yr imperialwyr wedi ceisio lladd holl boblogaeth Fietnam. Fe glywson ni lawer o gelwyddau am wleidyddiaeth trwy'r byd – y pethau drwg oedd yn perthyn i gyfalafiaeth. Methu deall pam y bu iddyn nhw geisio'n rhwystro ni rhag gwybod am ymgyrchoedd yr ifainc dros heddwch. Roedden ni eisio gwybod y gwir. Yn yr eithriadau prin pan fydden ni yn cyfarfod a siarad ag ymwelwyr, roedden nhw'n synnu nad oedd pobol Roumania yn byw yn y coed, a

37

bod cymaint ohonom ni yn gallu siarad Saesneg a Ffrangeg! Ac mi roedden ninnau'n sylweddoli hefyd fod yr hyn a glywem yn yr ysgolion am yr Unol Daleithiau yn ofnadwy o unochrog.

UFUDD-DOD

Wrth fy ngwaith yn y ffatri, roeddwn i'n ceisio dweud y gwir, gofyn am y gwir. Roeddwn i'n aelod o'r Blaid Gomiwnyddol, a ddim cywilydd o hynny. Roedd mwy na thair miliwn o aelodau. Roedd yn rhaid ymaelodi er mwyn cael gwell cyfleusterau ac i gael swyddi cyfrifol. Roedd ymaelodi'n agor drysau. Ond bu raid i mi aros saith mlynedd cyn gallu ymuno – holi am fy syniadau, cefndir y teulu . . . o'r diwedd bygwth – 'Rydech chi'n dweud fod pawb yn gallu ymaelodi. Pam yr oedi a'r holi?' Yna siarsio, holi, dadlau. A'r ymateb swyddogol – 'Rydech chi'n rhy ifanc ac mae 'na bethau nad ydech chi ddim yn eu deall'. Ond roeddwn i erbyn hyn yn bedair ar ddeg ar hugain oed! Nid cwestiynau gwleidyddol, ideolegol, fel y cyfryw, oedden nhw, ond – pam fod safonau cynhyrchu mor wael, pam na chaem ni ddeunydd crai iawn, pam nad oedd digon o ynni i weithio'n llawn, pam na chaem ni beiriannau newydd o wledydd eraill er mwyn i ni gael technoleg newydd ac effeithiol. Pam? Pam? Pam? A'r un ateb bob tro – 'Tydi o ddim o'ch busnes chi. Ni sydd yn penderfynu'.

Yna, yn y diwedd, peidio gofyn cwestiynau annifyr. Dim ond codi llaw a chytuno a nodio pen. Jôc i ni oedd y cyfan, a mater o orffen gwaith mor fuan â phosib a dychwelyd i'n cartrefi.

Ar ôl rhyw ddau fis, cael cyfarfod efo'r arweinydd lleol yn y ffatri a rhaid oedd dweud y gwir wrtho am ein anghenion teuluol a chymdeithasol. Digwyddodd dim. Fe ddwedyd wrthon ni am fod yn dawel, neu fe allen fod mewn trwbwl. Bod yn ufudd, cadw'r cyfan i mi fy hunan . . .

DECHRAU'R CHWYLDRO

Ar ôl 1987, yn Brasov, ail dref ddiwydiannol fwyaf Roumania, sylweddoli y gallem ni newid y drefn os oedd yr ewyllys ganddon ni, roedd gallu'r dyrfa'n allweddol. Daeth Ceausescu i Brasov a gorchymyn i ni fynd allan i'r strydoedd a'r sgwâr i'w groesawu. Ond ddaru ni ddim lleisio'n croeso. Eto, ar y sgrîn y noson honno, clywed ein hunain yn bloeddio 'HIR OES I CEAUSESCU!' Nid ein lleisiau ni oedden nhw. Roedd Ceausescu yn gynddeiriog am mai Brasov oedd un o ganolfannau pwysica Roumania. Ond ar ôl 1987, roedd ganddo fo ofn dod yma. Fe geisiodd ein dychryn. Ar ôl naw mis, trefnu ymweliad arall. Ond ni wyddai swyddogion Brasov ddim am hynny. Dim ond cael gwybod ddeuddeng awr cyn iddo gyrraedd. Cau'r ffatrioedd, a chloi'r gweithwyr i mewn. Ein cadw rhag mynd i'n cartrefi hefyd a gorchymyn i rhwng cant a dau gant o bob ffatri gyfarfod *rhywun* – ddim yn gwybod pwy, ai Ceausescu neu rhyw ymwelydd o dramor.

Mynd ac aros i weld beth fyddai'n digwydd. Gweld *Securitate* efo'u gynnau. Ceausescu a'i wraig yn cyrraedd. O'u blaen, ugain o wŷr y *Securitate* mewn moduron fel yn hen ffilmiau Chicago ers talwm. Ceausescu yn dod allan a'r *Securitate* o'i gwmpas yn ei warchod. Roedd ofn arno. Fedre fo ddim edrych i fyw ein llygaid. Doedden ni ddim yn gweiddi – dim ond yn edrych arno. Roedd yn ŵr ofnus. Ymweliad byr iawn oedd hwnnw.

Fe wyddem fod Ceausescu yn nerfus. Cyn y Gyngres yn 1989 doedd dim ofn ar y bobl. Plastro sloganau ar y muriau, hyd yn oed orsafoedd yr heddlu. I LAWR Â CEAUSESCU. Yn ystod y Gyngres, roedd tair hofrennydd bob dydd uwchben Brasov – un yn codi, un yn glanio, y llall yn hofran ac yn cylchynu'r dref.

Gwybod fod rhywbeth mawr ar gerdded trwy Ewrop, trwy'r bloc Dwyreiniol ac yn yr Undeb Sofietaidd. Fe wyddem hefyd fod yn rhaid i rywbeth ddigwydd yma yn Brasov. Roedd yn rhaid i rywun ddechrau. Yn Bucharest, clywed am losgi baneri a chwalu colofnau. Cyrchoedd bychain trwy'r holl wlad. Ond doedden ni ddim i fod i siarad am hynny. Roedden nhw'n trio'n dychryn ni trwy ddweud mai propaganda'r gorllewin oedd y cyfan – fod Hwngari wedi dod i mewn i'n gwlad – storïau maleisus i geisio cynhyrfu'r teimladau cenedlaethol. Ond doedd o ddim yn ddigon. Pan glywson ni beth oedd wedi digwydd yn Timisoara, dyna ddweud – 'rhaid i ninnau symud'.

Brasov. Cyfarfod mawr 'swyddogol'. Condemnio'r hyn a ddigwyddodd yn Timisoara – gelynion Roumania yden nhw yn gweithio'n fradwrus gyda galluoedd estron i ddymchwel sosialaeth. Nid chwyldroadwyr ond terfysgwyr!

Ond roedd ganddo'n ni gyfeillion a pherthnasau yn Timisoara. Roedden ni'n siarad efo nhw ar y teleffon. Ac mi fu Ceausecu'n ddigon ffôl i ddychwelyd i Brasov. Fe wyddem fod yn rhaid i ni fynd allan i'r strydoedd.

Rhagfyr 21. Symudiad cyntaf. Gweithwyr o ffatri awyrennau mewn pentre bach y tu allan i Brasov yn cerdded ugain cilomedr. Y *Securitate*'n ceisio'u rhwystro. Saethu yn yr awyr. Dim ofn. Cerdded.

Cyrraedd canol Brasov ac aros ger swyddfeydd Pwyllgor Canolog y Blaid Gomiwnyddol. Yn ddigon call i beidio ceisio malu'r lle. Dim ond gweiddi I LAWR Â CEAUSESCU. RYDEN NI'N NEWID PETHAU. RYDEN NI AM DDEMOCRATIAETH. NID POBOL BENWAN, NID TERFYSGWYR MOHONOM.

Trwy'r prynhawn, mwy a mwy o bobol. Roeddwn i yng ngofal ffatri ar bnawn yr 21ain. Gadael am fy nghartref tua hanner nos a chlywed gan y shifft nos fod streic gyffredinol yn Brasov. Erbyn saith yn y bore, roedd yr holl weithwyr allan o'r ffatri. DEWCH EFO NI. Ymladd dros ddemocratiaeth. Allan i'r stryd. Ond ymgyrch ddistaw, ddi-drais. Ar y ffordd, bwyd a sigarennau gan y bobol. Cyrraedd y sgwâr. Can mil yno. I LAWR Â CEAUSESCU. Llosgi ei lun. Y cyngobler Ceausescu yn cael ei losgi ag esgid!

Yn y bore bach, Ceausescu ar ffo, y fyddin ar chwâl. I mewn i adeiladau'r *Securitate*. Cyhoeddi fod Cadfridog newydd wedi ei ddewis i gadw trefn. Y cyfan yn dal o dan reolaeth. Gobeithio y byddai popeth yn iawn.

Ganol nos. Gwrando gartre ar y newyddion o Bucharest. Llawer o bethau'n digwydd yn Brasov. Penderfynu mynd i lawr yno. Dyma'r union adeg i wneud rhywbeth. Fory, rhy hwyr. 'Ngwraig yn aros gartre. Cyrraedd canol y dref. Un o'r gloch y bore. Tawel. Baricêds. Milwyr. Cerdded o gwmpas yn heddychlon. 2.40 y bore. Modur yn rhuthro i mewn i'r sgwâr. Ddim yn bosibl gan fod y ffordd wedi ei chau i bob trafnidiaeth. Pobol yn amgylchynu'r cerbyd. Un ohonyn nhw yn y modur efo gwn, cyllell, radio. *Securitate!* Na! Gwadu. Ond roedden nhw'n dweud celwydd. Platŵn yn eu rhwystro. Tanio! Y *Securitate* wedi trio gwneud yr un peth trwy holl dref Brasov.

Rhedeg. Methu cael cysgod adeilad. Gorwedd i lawr. Bwledi'n taro yn ymyl, yn malu'r ffenestri ac yn tasgu o'r muriau. Tri o'r gloch. Gorchymyn i beidio tanio am fod perygl i'r boblogaeth sifil. Finnau'n codi 'mhen yn araf. Bachgen wrth fy ymyl. Rhedeg yn fy nghwrcwd i le diogel a chael fy nharo â bwled yn fy mraich dde. Ôl y fwled yn y gôt a'r fraich.

Gweiddi. Gwaed. Poen. A methu symud. Y bachgen yn fy helpu ac yn ceisio atal y gwaed. Cyrraedd stafell a dau o hen bobol yn eu gwely wedi eu parlysu gan ofn. Y bachgen yn rhoi rhwymyn ar y briw. Galw'r wraig a chael meddyg. Yna cyffur i liniaru'r boen, ac ambiwlans.

Llawer wedi eu lladd. Mwy wedi'u clwyfo.

YFORY?

Ar ôl y chwyldro am gyfnod byr, pawb yn hapus. Bywyd normal. Ond roeddwn i, ac mi rydw i, yn dal yn amheus iawn. Yn yr wythnosau dilynol, pobol Roumania'n ceisio newid trwy ddulliau democrataidd. Newid *popeth*. Newid cyfarwyddwr. Newid peirianwyr. Dinistrio peirianwaith comiwnyddol. Hynny'n beth da. Chwalu'r *Securitate*. Iawn. Ond wedyn newid er mwyn newid. Nid newid pethau drwg ond dileu'r da hefyd.

I'r stryd a bloeddio trwy'r dydd: 'HWN i fyny, HWN i lawr.' Deall dim. Dim ond gweiddi. Ac mi roedd gen i ofn. Pam eu bod nhw fel hyn? Pam? I be? Eiliadau i beidio â gweiddi oedden nhw. I aros i feddwl am ailadeiladu, a sut. Nid yn unig i gondemnio ond i greu meddylfryd newydd, amgenach.

A sylweddoli wedyn nad digwyddiad pythefnos ydi chwyldro ond proses hir a phoenus. Tydi cael grym o fawr werth os na fedrwn ni newid y drefn. Os nad yden ni'n gwybod hefyd pa drefn sydd i fod. Mae 'na ormod o bobol eisio grym am eu bod nhw'n hunanol ac yn drachwantus. Nid am eu bod nhw eisio Roumania rydd.

Ar ôl pum mis, mae hi 'chydig yn waeth na chynt. Dyden ni ddim yn deall beth i'w wneud â'r gallu sydd ganddon ni. Peryglus ydi chwarae efo awdurdod.

Yn yr etholiad, fe fydd saith deg o bartïon – llawer ohonyn nhw'n fach. Rhai heb ideoleg. Fedr pawb ddim bod yn arweinwyr ac yn wleidyddion. Iliescu yn ddiau fydd ar y blaen. Tydw i ddim yn deall Iliescu a dw i ddim yn siŵr pa mor ddwfn na pha mor onest yw ymrwymiad y Ffrynt Genedlaethol i wir ddemocratiaeth a faint o farciau'r hen lewpard sydd yn dal ar ôl. Ond yn y bôn, does gen i ddim diddordeb yn Iliescu. Mae gen i fwy o ddiddordeb yn ei blatfform a'i bŵer. Ac fe greda i mai'r ffordd ymlaen i Roumania, yn y tymor byr beth bynnag, ydi gwneud Iliescu yn Llywydd a chael cynrychiolaeth dda o'r partïon eraill yn y senedd. Gallai hynny sicrhau cytbwysedd a chadw rhyw fath o reolaeth ar beryglon y tueddiadau gormesol sy'n dal yn y tir.

41

Llwyth Emma

Tydi o ddim yn enw ar unrhyw fap sydd gen i nac ychwaith yn agos at
Abercuawg R. S. Thomas ond mae iddo leoliad daearyddol pendant.
Pentre bach ar lan Bae Iago, yn y rhan ddeheuol o Fae Hudson yn
Canada ydi Wiminji. Clwstwr o gabanau pren. Yno ac o'i gwmpas mae
Indiaid y Cri – wyth mil ohonyn nhw i gyd a'u tiriogaeth gyflawn
gymaint ag arwynebedd Cymru.

A'r flwyddyn – 1985. Cychwyn o Heathrow am Montreal, yna
newid o'r Jumbo i hen Dakota ac ymlaen i Val D'Or – dyffryn yr aur.
Taith swniog, solet, draw i bentre bach East Main, ac yna newid
drachefn i awyren fechan yn cario'r enw CRI AIR. Un o'r Cri oedd y
peilot a iaith ei lwyth oedd iaith ei gwmni. Oddi tanom roedd
eangderau o greigiau, coedwigoedd a llynnoedd.

Draw fan 'cw yn rhywle roedd Wiminji – ac am y pum can milltir
olaf, dim ond awyren neu gar llusg neu scidw fedrai gyrraedd yno. O
edrych i lawr, methu deall sut y gallai, sut y dewisiai, un enaid byw
gyfanheddu'r fath ddiffeithwch diderfyn. Dim Radar chwaith. Roedd
ein peilot, fel adar y nefoedd a'i hynafiaid, yn dilyn ei rwydwaith a'i
arwyddion ei hun. Fedrwn i ddim dechrau amgyffred be' fyddai'n
digwydd i'r peiriant bach bregus a'i hymian wylofus petai'n gorwynt
neu'n blastar o eira. I wneud pethau'n waeth, dyna lais y peilot yn
cyhoeddi'n fuan ar ôl gadael un o'r pentrefi bach rhwng East Main a
Wiminji ei fod wedi gadael merch ifanc ar ôl! Yn nhraddodiad gorau
bysus bach y wlad, troi'n ôl – ac yn y man bownsio i lawr mewn llain
anwastad a chyfyng. Taerwn nad oedd ganddon ni ond ychydig
droedfeddi'n sbâr. Wiminji.

Yna, y criw o saith ohonon ni yn cael ein cludo i ofal Emma.
Gwraig fach fer, gron, ac yn ein derbyn i'w chaban fel ein mam ni oll.
Roedd ganddi eisoes deulu estynedig o ddeg o dan yr un to. Fe'n
hymgeleddodd ninnau'n llawn ac yn llawen a'r ychwanegiad at y
teulu'n newid dim ar rythm ei bywyd.

Nid nad oedd rhai eiliadau annisgwyl. Roedd fy llofft i'n digwydd
bod yn seler y caban, a mynd iddo drwy ddrws yn y llawr ac i lawr y

grisiau i'r tywyllwch, a hynny'n mynd â mi drwy ystafell wely Emma a'i gŵr. Pan ddaeth galwad natur am dri o'r gloch y bore cynta' doedd dim amdani ond ymbalfalu yn y fagddu, ac ymlwybro'n ddistaw heibio i wely'r ddau gan ollwng fy neigryn euraid yng ngolau'r lleuad i mewn i fae Iago! Yna dychwelyd yn llechwraidd ac yn 'sgafnach i'm gwâl!

Un waith yn unig y cafwyd sefyllfa'n gofyn am gyffyrddiad diplomatig. Fe gawsom ein gwahodd i swper i dŷ Pennaeth y Llwyth Walter Hewboy, gan ddweud wrth Emma ymlaen llaw. Y dydd dilynol roedd hi'n dawel a braidd yn guchiog. Daeth yr esboniad yn fuan, 'Beth sydd o'i le ar fy mwyd i?' 'Doedd hyd yn oed fwrdd y Pennaeth ddim i ddiorseddu ei chroeso hi. Nid damwain oedd y wledd ryfeddol a gawson ni y noson ddilynol – llond bwrdd o ŵydd wyllt, a gwin wedi ei gyrchu'n unswydd o East Main. Hi oedd y fam gynnes a lapiodd ei gofal amdanom draw fan'cw ymhen draw'r byd.

Perthyn i ail hanner yr ugeinfed ganrif oedd pentref y cabanau pren, a datblygiad newydd yn hanes y llwyth. Allan yn y gwyllt, er hynny, oedd ei nefoedd. Pan ddeuai'r tymor hela, gwneud yn siŵr fod y tipi'n barod. Canfas yw'r drws a'i waelod yn cael ei sugno i mewn gan y gwynt i gadw'r tân yn goelcerth. Fe gedwid yr oerfel allan gan gyfuniad o flociau coed a mwsogl a'r lloriau'n ganghennau cynnes. Byddai oglau'r teulu, y crochan a'r coed yn llenwi'r lle, ac esgyrn cigoedd y crochan yn hongian y tu allan i gadw'r ysbrydion draw.

Nid gwylltineb oedd eu daear ond gardd. A dyna sylweddoli mor wahanol yw eu ffordd nhw o edrych ar y miloedd o erwau gwyllt. O'r awyr, anghyfanedd-dra disymud a digroeso. Gwacter. Iddyn nhw roedd hi'n gynhaliaeth ac yn etifeddiaeth i'w thrysori a'i hanwylo. Pan ofynnwyd i un ohonyn nhw am ei gyfeiriad mewn ymchwiliad cyhoeddus, wyddai o ddim beth oedd ystyr y gair *address* (cyfeiriad). A'i ateb – 'I have come from what I've survived on'. Roedd ei gynhaliaeth a'i etifeddiaeth yn un.

Un arall o'r Cri a safodd mewn llys barn â'i law ar y Beibl. Addunedu i ddweud y gwir, yr holl wir . . . 'Dw i ddim yn siŵr am y Gwirionedd, fedra i ond deud wrthoch chi be dwi'n WYBOD' Y gwybod hwnnw sy'n ei yrru i ddilyn ei reddf, i ymarfer hen ddoethineb y ddaear ac i adnabod llwybrau'r pridd, haenau hen graig a choeden, a chyfrinach bae, llyn ac afon.

Mi fydd y gwyddau gwylltion ar eu ffordd eto eleni o'r Arctig i Fae Mecsico a'r llus yn fwyd iddyn nhw. Mi fyddan yn hedeg yn ddigon isel, gobeithio, i fod o fewn cyrraedd y gynnau. Mi fydd y criw bychan

Indiaid y Cri – Tad a Mab

Indiaid y Cri – Pysgota ar y Rhew

yn gwybod yn iawn lle i guddio a sut i'w denu efo gwyddau ffug yma ac acw ar wyneb y tir, a chael rhywun i swatio yn yr hesg gan ddynwared sgrechfeydd y newydd-ddyfodiad. Yn yr un darn o ddaear, fe fydd tymhorau a llwybrau'r ysgyfarnog wen, y mochyn daear, y dyfrgi, y caribŵ a'r arth. Ac er mor drwchus y rhew, 'fydd yr un brithyll yn ddiogel.

Mae'r berthynas rhwng y Cri a'r greadigaeth yn un astrus. Yn sylfaenol i'w grefydd animistig, mae parch dwfn tuag at anifail, aderyn a phlanhigyn. Partneriaeth ydi hi. Yn wahanol i'r heliwr proffesiynol o'r 'byd newydd', ffordd o fyw ydi hi, nid ffordd o wneud elw ac o ecsploitio. Maen nhw'n rhan o'i daear, yn siarad efo hi, yn gwrando arni. Dyma'i lyfr. Ac fe feistrolodd yr eirfa a'r gystrawen.

Ar ein hymweliad byr â'r llwyth yn 1985, roedd yn amhosibl osgoi ymwelwyr eraill. Ynghanol y pentref, yr Eglwys Anglicanaidd. Beth bynnag am sêl ddogmatig y cenhadon cynnar, mae'r eglwys bellach yn nwylo'r Cri, a'r Beibl i'w glywed yn ei iaith. Er bod y brodorion bellach, i bob ymddangosiad, yn prysur gerdded allan o fyd yr ysbrydion da a drwg, roedd rhyw farweidd-dra afreal yn ymlyniad yr hen bobol. Roedd eu buchedd, fel eu gwisg, yn perthyn i fyd a chyfnod arall. Tad Pennaeth y Cri oedd yr offeiriad ac yn cyfuno'r swyddogaeth honno â hela a physgota. Doedd ei fab ddim yn mynychu'r eglwys.

Sefydliad arall yw Cwmni Bae Hudson – un o gwmniau mwyaf grymus Canada, Gynt yn prynu ffwr a chroen. Heddiw stôr enfawr wrth ymyl y dŵr: bwyd, dillad, diod a ffags. Bydd Emma yn mynd â'i basged a chludo tuniau'n llawn o gigoedd a photes yn ôl i'w chaban. A daeth alcohol i farweiddio unigedd y nosau oer a hir.

Ar y lein ddillad fe welir jîns yn dawnsio ac yn rhewi'n rhes yng nghwmni'r brethyn cartref.

Cwmni masnachol yn ymgiprys am gynnyrch yr ardd. Cenhadon Duw yn ymrafael am enaid y garddwr.

Gan gofio bod saith deg y cant o'r boblogaeth dan ugain oed, beth tybed fydd lle y duwiau a'r doleri newydd yn eu bywyd?

O saith degau'r ganrif yma y daeth yr her fwyaf oll. Cynllun Dŵr a Thrydan James Bay a fyddai'n ychwanegu traean at ffynhonnell egni Canada gan gynnwys nifer o gronfeydd enfawr ar draws yr afon Le Grande. Byddai hynny yn boddi dros bedair mil o filltiroedd sgwâr o dir y Cri gan chwalu'r bywyd gwyllt a dinistrio bywoliaeth y llwyth. Hyn heb unrhyw ymgynghori o gwbl.

A dyna ddechrau'r frwydr. Sefydlwyd Pwyllgor Amddiffyn dan

arweiniad Walter Hewboy. Ar ôl gwrthod cydnabod bod i'r llwyth unrhyw hawliau fe lwyddwyd yn y diwedd, trwy frwydrau hir yn y llysoedd, i gael iawndal anrhydeddus, 136 miliwn o ddoleri, i goffrau'r Cri a hawl i bum mil o filltiroedd sgwâr o dir hela.

Ni fedrem ni, ymwelwyr amser byr yr wyth degau, ond gwrando a cheisio deall beth fyddai effeithiau economaidd ac ecolegol yr holl gronni, chwalu ac ailadeiladu. Roedd hiraeth a rhamantu'r hen ddyddiau'n afreal ac anonest. Mater o daro'r fargen orau, a chael y mesur helaethaf o hunanlywodraeth i ddiogelu ac i weinyddu'r buddsoddiad. Dyna oedd prif gonsyrn y Pwyllgor Amddiffyn.

Ynghanol yr holl ferw a'r pendilio rhwng ddoe ac yfory, roedd un seremoni syml. Yn flwydd oed, bydd pob plentyn bach yn cael ei gyflwyno i'r byd yn y ddefod o 'gerdded allan' ar doriad gwawr. Bydd y Tipi'n llawn o berthnasau a'r bychan wedi ei wisgo yn y wisg draddodiadol o groen carw ynghyd â chwdyn bach i gario mân betheuach, gan gynnwys, o bopeth, faco! Byddai'r bachgen hefyd yn cario gwn a'r ferch fach ei bwyell gerfiedig. Y tu allan i'r Tipi, cerdded o gwmpas llwybr o ganghennau'r larwydden a chyfle i gyffwrdd yn swil â'r anifeiliaid a'r adar dof. Derbyn cusanau'r llwyth a phedair cenhedlaeth yn llawenhau wrth ddathlu parhad yr hil.

O gofio bod y cyfrifoldeb o gynnal hynny ar ysgwyddau wyth mil, roedd y cerdded allan hwnnw'n ias ac yn arswyd. Am ba hyd eto y bydd y gorlan yn gyfan, fflamau'r tipi'n dal ynghyn a chytgord rhwng dyn a'i ddaear? Y ddaear uwchlaw popeth. Iddyn nhw, roedd yr iaith yn bwysig, a geriach eu crefft. Ond 'os collwn ein troedle', medde nhw, 'fe beidiwn â bod'. A fydd lle i'r blwydd newydd yma yng nghyffiniau Wiminji, neu a fydd ei ddyfodol rywle ar balmentydd rhwng adeiladau concrid a gwydr yr unfed ganrif ar hugain?

Hiroshima

Pan ollyngwyd y bom atomig ar Hiroshima ddechrau Awst 1945, roeddwn i ar staff gwersyll carcharorion rhyfel 118 yn y Fenni yng Ngwent. Rwy'n cofio gweld milwyr Americanaidd ar y stryd yno a'u cysylltu â'r ffrwydrad heb lawn sylweddoli beth oedd wedi digwydd, Yn gymysg â'r sioc, yr oedd ymdeimlad o ryddhad – gobaith o gael mynd yn ôl i fywyd normal ac ail gydio mewn cwrs addysg. Dyna hefyd yn sicr fyddai teimladau'r Eidalwyr a'r Almaenwyr y tu ôl i'r gwifrau ar y Maerdy ac yn Llanofer.

Roedd hi'n braf iawn yn Hiroshima y bore hwnnw, y chweched o Awst – pawb yn sôn am wres yr haul a glesni'r awyr yno ar aber afon Ohta dan gysgod mynyddoedd Chugoku ac edrych allan ar fôr Seto.

*　　*　　*　　*

Fis Tachwedd 1984 roedd hi'r un mor braf yno – yr awyr yn las, yr haul yn gynnes. Roedden ni yno i baratoi rhaglen i HTV/S4C a fyddai'n cael ei dangos ddeugain mlynedd ar ôl gollwng y bom. Erbyn hyn roedd dinas newydd wedi codi o'r llwch, yn fodern, yn foethus, yn goncrid a gwydr disglair a gwyn ac yn dystiolaeth i allu dyn i orchfygu a goroesi'r argyfwng dyfnaf. Neu, o leiaf, dyna'r olwg allanol, obeithiol.

Cyrraedd yno gyda llwyth o ystadegau ac o ragdybiau. Yr ystadegau i ddechrau. Dinas o 400,000. Lladdwyd eu chwarter. Roedd yno 33 o ysgolion. Diflannodd 26. 45 o ysbytai – dim ond tair ar ôl. 298 o feddygon – 28 ar ôl. Roedd yno 1780 o nyrsus. Colli 1645. O gyfarfod â Maer Hiroshima (a oedd ei hunan yn un o'r goroeswyr), ymweld â'r Ysbyty Atomig, yr Amgueddfa Ryfel, a thystiolaeth ac atgof rhai o'r trigolion, fe drawsgyweiriwyd y ffigurau i ffurfiau wylofus, i arteithiau dolefus, i urddas y boen sydd y tu hwnt i bob dirnadaeth.

Wrth edrych i lawr ar Hiroshima, fedrwn i lai na meddwl yn nhermau lens y camera. Wedi'r cwbl dyna oedd ein cyfrwng. Wrth

Hiroshima
Yr unig adeilad sydd ar ôl o'r
hen ddinas

Hiroshima
Canu'r gloch yn y Maes Coffa

dynnu'r llun arferol byddwn yn gwasgu botwm. Daw fflach drwy'r drws bach o honno yn taflu darlun ar seliwloid lle mae'r gwyn yn ddu a'r du yn wyn. Am chwarter wedi wyth y bore hwnnw yn 1945 fe wasgwyd botwm. Fflach. Fe drodd yr adeiladau yn eirias wyn a'r cnawd yn ddu. Yn gysgod ar graig. Yn llwch. Darlun sydd wedi ei serio am byth yn archifau dychymyg dyn. Yn yr Amgueddfa Ryfel roedd carreg a chysgod arni. Rhywun ar stepen y drws yn disgwyl ei dro i fynd i mewn i'r banc. Yr unig beth ar ôl oedd ei gysgod ar y garreg.

Plant ar eu ffordd i'w hysgolion ac yn eu lluchio eu hunain i'r afon am fod eu cyrff ar dân ac yn mynd i lawr efo'r dŵr fel tiwlips du. Soniwyd am grwyn yn hongian fel selotep a sŵn ochneidiau fel sŵn crawcian brogaod o'r caeau reis. Bws wedi sefyll yn stond yn llawn ysgerbydau. Llygaid yn toddi ac yn diferu eu goleuni allan o'r socedau.

Troi i mewn i'r Ysbyty Atomig yn Hiroshima.

Yno roedd Michiko Sako, yn dair ar ddeg oed pan ddisgynnodd y bom. Roedd hi'n sefyll o fewn milltir i'r fan.

'Codais fy nwylo at fy llygaid. Roeddwn i ar lawr a'm corff mor boeth nes i mi gredu y dylwn i neidio i'r afon. Roeddwn i wedi colli 'ngolwg ac yn gorwedd ar y llawr am ddau ddiwrnod. Mae gen i ddwy ferch, ond yn gorfod dod yma am driniaeth o hyd. Rwy'n gweddio efo holl famau'r byd na welwn ni byth ddim byd tebyg eto'.

Un o Korea oedd Shin Yong.

'Mi welais fflach o olau. Cofio dim arall. Yna sylweddoli 'mod i'n gallu symud fy nghoesau. Dechrau rhedeg ac arogli rhywbeth cemegol yn dod o 'nghorff i. Cyffwrdd fy wyneb. Dim trwyn. Dim ceg. Dim clustiau. Dim ond gwlybaniaeth'.

Dr Kuramoto: 'Ar ôl blwyddyn, y 'keloids' yn grach ar gnawd. O drin un, roedd un arall yn codi. Ar ôl pum mlynedd mi fydden nhw wedi gwella. Ond y creithiau'n aros'.

Dr Kawamura, 'Roedd y babanod eisoes yn y groth gyda phennau bychain iawn. Yn yr ail genhedlaeth – cyrff normal ond y cromosonau mewnol, lawer ohonyn nhw, wedi en hanffurfio'.

Y cyfan yn cael ei adrodd heb gynddaredd na dicter – dim ond ochneidiau lluddedig pobl wedi eu syfrdanu a'u dryllio. A rhyfeddu efo nhw. Rhyfeddu hyd at fudandod y gallai ddigwydd o gwbl ac na chafodd neb yn Hiroshima na Siapan y rhybudd lleiaf fod y bom ar ei ffordd, fod y peth yma wedi disgyn yn hongian ar barasiwt a throi'r chwarter i wyth hwnnw yn dân a brwmstan mewn amrantiad.

Uwchben Hiroshima – gydag un o gyn Swyddogion Byddin Siapan

Maer Hiroshima – un o'r dioddefwyr

A'r arswyd o sefyll dan yr union fan lle y ffrwydrodd hi – uwchben yr unig adeilad sydd ar ôl o'r hen ddinas. Yn ei ddydd, roedd o'n un o'r adeiladau harddaf, gyda'r gromen werdd yn disgleirio yn yr haul. Fe gafodd ei gynllunio gan bensaer o Tsiecoslofacia a'i adeiladu yn y flwyddyn 1915. Nid teml nac eglwys mohono ond amgueddfa wyddonol a diwydiannol. Bellach yn adfail ac yn gofadail i'r wyrth dechnolegol a wnaeth y fath anfadwaith yn bosibl.

O edrych yn ôl heddiw, nid anwybodaeth pobol Siapan yw'r unig elfen enbyd. Fe dreuliodd gohebydd *Newsweek* yn Washington dair blynedd i·edrych i mewn i brosiect Manhattan a fu'n gyfrifol am ddatblygu'r bom. Fe gyhoeddodd ffrwyth ei ymchwil yn ei lyfr *Day One: Before Hiroshima and after.* Ar wahân i nodi fod yr Unol Daleithiau yn bwriadu anfon saith bom arall i'r Môr Tawel y mis dilynol a deuddeg bob mis ar ôl hynny, mae'r awdur yn pwysleisio na wyddai'r gwyddonwyr na'r gwleidyddion fawr ddim am effeithiau posib' y bom.

A phan glywodd y Cadfridog Leslie Groves, arweinydd y prosiect, am effeithiau ymbelydrol y salwch a'r llosgiadau, roedd o'n meddwl fod rhywun yn tynnu'i goes neu'n defnyddio'r ffrwydrad fel rhan o bropaganda Siapan.

Nid maint neu raddfa'r lladd oedd yr unig sioc. Wedi'r cwbl fe laddwyd y miloedd ac fe fu dryllio a llosgi yn Llundain a Dresden, Warsaw a Berlin. Yn wir, lladdwyd dros gan mil yn Tokyo gyda bomiau confensiynol. Yn y diwedd, a oes wahaniaeth moesol rhwng colli pum mil neu hanner miliwn?

Yn Hiroshima a Nagasaki ceir elfen newydd frawychus – yr ymwneud â phwerau a phosibiliadau na wyddom fawr ddim am eu pen draw. Hyn, yn fwy na dim, greda' i, sydd wedi gyrru rhai o griw yr awyren i'r abaty neu'r gwallgofdy ac a greodd addunedau ymhlith rhai o'r arloeswyr ym myd yr atom i ymwrthod am byth â'r defnydd milwrol ohoni.

Yr anwybod sy'n dychryn. Ryden ni'n hoffi meddwl fod ganddon ni ryw fath o lywodraeth ar ganlyniadau ein gweithredoedd ac arbrofion ein labordai.

Nid madarch oedd y cwmwl hwnnw ond bwystfil yn poeri tân ac ymbelydredd. Nid unrhyw storm oedd honno a ddaeth fel ymwared i gnawd, ond llygredd gwenwynig. Ac yr oedd marc y bwystfil bellach hefyd yng nghelloedd y dyfodol. 'Un peth ydi dewis hunanladdiad',

Y Criw yn Hiroshima

Efo un o Oroeswyr y 'Burma Road'

medde'r fam yn ysbyty Hiroshima, 'ond does gan neb ohonon ni yr hawl i dynghedu'r plant i'r un lladdfa'.

Ond beth am y dadleuon milwrol? Roedd Hiroshima'n ganolfan filwrol o bwys. Fe ddadleuir hefyd fod miloedd o'n bechgyn ni wedi eu harbed – yn wir, fod miloedd o fywydau Siapan hefyd wedi eu hachub gan y byddai'r clic militaraidd wedi ymladd i'r diferyn a'r cleddyf olaf oni bai am syfrdandod dirybudd y bom. Tra'n cydnabod yr ymrwymiad ffanatig a drodd marw mewn brwydr yn uchel fraint, does neb hyd yma wedi profi fod yn *rhaid* gollwng y bom na pha mor agos oedd Siapan i ddirwyn y rhyfel i ben ar ôl colli brwydr Guatemala.

(Un ddamcaniaeth a gynigir gan sylwebyddion cyfrifol am y rhuthro i mewn efo'r ddwy fom yw bod yr Unol Daleithiau am wneud yn berffaith sicr mai hi yn unig, heb unrhyw help gan Brydain na Rwsia, a lwyddodd i orchfygu y 'bygythiad melyn'. Roedd hi felly yn ennill yr hawl i lunio polisi ac i arglwyddiaethu yn y rhan yna o'r byd. Mae'r strategaeth honno yn sicr wedi dod i'r amlwg wedi hynny – ac nid America yn unig sydd wedi chwarae'r gêm.)

Ar ôl dweud hyn i gyd, a dyfalu, fe wyddom ar ôl Hiroshima (os nad oedd Llundain, Coventry ac Abertawe yn ddigon o dystiolaeth) fod rhyfel bellach yn rhyfel PAWB. Fe chwalwyd am byth y syniad cysurus mai gwrthdaro rhwng lluoedd arfog y gwahanol wladwriaethau yw rhyfel ac mai priod waith y lluoedd hynny yw gwarchod dinasyddion diniwed. Dydi'r bom, ar ei newydd wedd, ddim yn parchu'r gwahaniaeth rhwng iwnifform a dillad sifil, na rhwng plant un wlad a'r llall, na rhwng plant un cyfnod a'r llall. Newidiwyd holl resymeg a 'moesoldeb' rhyfela. Aeth yr holl ymbalfalu am ddiffiniad o ryfel 'cyfiawn' i'r gwellt.

Ysywaeth, mae llawer o'n gwleidyddion â'u hetiau pres yn cario 'mlaen fel petai dim wedi newid. Mae POPETH wedi newid. Mae bawb yn gyfrifol. 'Chawn ni ddim mwyach ysgaru'r werin ddiniwed oddi wrth y clic sy'n rhoi'r gorchmynion. Mae hynny yr un mor berthnasol yn Tokyo, Berlin, Washington a Llundain.

Mi fedrwn ni'n cysuro ein hunain fod peilot yr awyren dywydd uwchben Hiroshima a roddodd yr 'O K' i ollwng y bom, wedi ei restio flynyddoedd yn ddiweddrach am dorri i mewn i lythyrdy yn Texas a'i gael yn ddieuog am fod ei feddwl ar chwâl. I'r graddau ein bod wedi cyfrannu tuag at y polisi, mae'n bys ninnau ar y botwm.

Wrth wneud y rhyfel yn rhyfel pawb, mae dioddefaint yn

Ar ôl y Bom

Heddiw

ddioddefaint pawb, mae penderfyniadau gwleidyddol, mae blaenoriaethau gwariant yn gonsyrn pobun. Os yw democratiaeth yn gwneud sens o gwbl, rhaid i gyfrifoldeb moesol gwleidyddol, gwyddonydd a dinesydd fod yn gymesur.

Hwyrach na feddwn ni mo'r unplygrwydd a'r gwroldeb gwirion hwnnw a feddai Waldo ac a welodd ei ddodrefn yn diflannu am na fynnai roi ceiniog i wladwriaeth arfog a dreisiai ei gydwybod a'i oleuni rhwng dau gae. Ond medrwn o leiaf gefnogi'r lleisiau a'r cyfryngau hynny sy'n mynnu mai gwallgofrwydd bellach yw'r pentyrru niwrotig sy'n gwneud i'r hyn a ddigwyddodd yn Siapan ymddangos fel chwarae marblis.

'Ond 'does neb yn mynd i'w defnyddio nhw', medde ni.

Dwedwch hynny yn Hiroshima a Nagasaki.

Draw Fan 'Cw

'Mae yna ynys nad oes modd mynd iddi' meddai R. S. Thomas yn rhywle. Honno, lle bynnag y mae hi, sydd wedi mwydro'r beirdd ers cyn co. Fel arfer, tydi hi ddim ar unrhyw fap – a hynny'n gwneud y gwaith o'i chyrraedd yn amhosibl. Ond fel yn hanes ambell blaned sy'n profi ei bodolaeth yn ei ffordd od o effeithio ar blanedau eraill, gall yr ynys guddiedig hefyd aflonyddu. 'Ynys Afallon ei hun sy felly'! Mae amryw yn yr un archipelago, a'u balm yn anfon pob Arthur yn ôl ar ôl gwella o'u clwyfau i ailgydio yn yr awenau. Mae 'na grwp wedyn sy'n cynhyrchu tawelyddion – fel *Ynys yr Hud,* W. J. Gruffydd. Fedrai'r bardd na Twm Huws na Roli ddim meddwl am ddychwelyd i lannau'r Fenai ddi-wyrth ar ôl clywed llais y seiren ar y graig neu ar ôl cael blas y lotws.

I Cynan, ynys y gwahanglwyf oedd Molokai, a Deffrobani'n nefoedd serch i Eifion Wyn.

Yn ddarn o ddaear a foddwyd neu'n ddim ond cyffro melys a hiraethus yn y dychymyg, mae nhw'n BOD.

Bellach, tan ddylanwad y teledu a lluniau gwyrdd a glas y cwmniau gwyliau, maen' nhw mewn perygl o gael eu boddi dan draed y miliynau o ymwelwyr sy'n disgyn o'r cymylau fel locustiaid.

Mae gen innau fy mordaith a'm pererindod, – ynysoedd sydd i gyd ar y map. Gwaith hawdd ydi ateb y cwestiwn, 'Ple maen' nhw?' Cwestiwn llawer mwy anodd sydd hefyd yn cario llwyth o ystyr ac awgrym ydi 'Be maen' nhw yn ei olygu?'

Bae Ceredigion yw'r man cychwyn. Cyn bod yn rhan o raglenni teledu erioed, fe dreuliais gyfnod yng Ngholeg Harlech. i drio agor ffenestri dirgelion Athroniaeth i fyfyrwyr yr ail-gynnig. Draw fan 'cw roedd penrhyn Llŷn ac Ynys Enlli. Tu hwnt i furiau coleg a hen gastell, tu hwnt i gyfyngiadau a disgyblaeth pwnc a gwybod a deall, tu hwnt i'r bae, tu hwnt i'r traeth diderfyn, goleuadau Porthmeirion a Chricieth, Butlin a Phwllheli ac Abersoch. Tu hwnt i Aberdaron hyd yn oed! Ugain mlynedd yn ddiweddarach, fe ddaeth y cyfle i groesi'r swnt a cherdded o'r cafn heibio i olion cewyll a rhaffau. Pant, Clogwyn a

56

Chlogwyn bach, Tŷ Draw a Phen Craig, Tŷ Bychan, Garthwen a Thŷ Draw Isaf. Ysgol a chapel. Yna dychwelyd am yr ail dro efo llond hofrennydd o hen blant yr ysgol. Y nhw yn dychwelyd, ar ôl diwrnod o ail-fyw, i'r tir mawr. Ni'r criw yn gorfod aros dros nos am fod y peilot wedi methu cwblhau dwy siwrne.

*   *   *   *

Mae William Evans a minnau yn cael sgwrs yn y cwch bach. Y fo'n cofio un cyfnod o wythnosau heb fedru mynd trosodd i'r tir mawr. Yr unig golled o bwys – dim tybaco!

Dilys Cadwaladr, cynathrawes Enlli, yn gweld yr ynys unwaith eto o ben Uwchmynydd. Cofio sŵn y môr ar ei thraethau, cerrynt mympwyol y swnt, llongau ar greigiau ac olion y pererinion. Mudandod angladd plentyn. Yna yn cloi'r atgofion efo'r geiriau, 'Mae 'na ryw gyfaredd rhyfedd yn perthyn iddi . . . ond siom fuodd hi i mi.'

Cofio cael sgwrs efo'r Parch. T. G. Ellis a gafodd ei eni a'i fagu yn Aberdaron. Sôn yr oedd o, yn nhraddodiad y ffilm afieithus honno, *Whisky Galore,* am ambell long yn chwalu ar draethau'r ynys, gan gynnwys, weithiau, amrywiaeth o wirod. Byddai hyn yn llawenychu calon llymeitwyr ac yn cynddeiriogi dirwestwyr. Ar ôl wythnos o amau fod stoc wedi glanio a diflannu, aeth y gweinidog Y Parch. William Jones i'w bulpud a thraddodi pregeth 'amserol' ac annisgwyl ar y testun, 'Canys daeth dydd mawr ei ddicter Ef, a phwy a ddichon sefyll?' Roedd y wên slei yn llygad T. G. Ellis yn awgrymu fod ei deyrngarwch wedi ei rannu rhwng gofynion pulpud William Jones a syched rhai o'r ynyswyr!

Codi cwr y llen, fel petai, yng nghwmni cychwr, bardd o athrawes a gweinidog Wesle. A minnau'n gwybod mwy am Dilys Cadwaladr nag a ddywedodd hi yn ei sgwrs, roedd ei brawddeg olaf am gyfaredd a siom Enlli yn dweud rhywbeth am ei pherthynas â'r ynyswyr a'r harmoni neu'r anghytgord oedd yn rhan o'i natur hi. Ond beth yn hollol oedd ei chyfrinach a'i chymhlethdod?

Mi roedd dwy arall wedi sôn wrtha' i am yr ynys a'i chymeriadau. Dwy wahanol iawn i'w gilydd: Jennie Jones a Brenda Chamberlain. Cyhoeddodd y ddwy hefyd eu storiau – y naill *Tomos o Enlli* a'r llall *Tide-race.*

Gwraig barablus, allblyg, ac yn wraig i feddyg o Langwnadl oedd Jennie Jones. Bob nos Sadwrn yn y Ship yn Nhudweiliog, mi fyddai wrth y piano yn arwain y canu ac yn rhoi ambell solo gyda llais clochaidd efo tuedd i slyrio'n ormodol! Un o'i ffefrynnau oedd geiriau

Cymraeg ar y gân *Galway Bay*. Yn ei fersiwn hi, roedd hiraeth y bardd wedi ei symud o'r bae yn Iwerddon i'r ynys ym mhenrhyn Llŷn. Fe'i canai gydag arddeliad.

Roedd hi hefyd wedi cofnodi atgofion Thomas Jones a dreuliodd drigain mlynedd o'i oes ar yr ynys. Mae'r cofnodion gwreiddol yn ei llaw ei hun gen i, gyda'r frawddeg gyntaf – 'Rwyf yn eistedd wrth fwrdd mewn cegin fach gynnes lle mae dau hen lanc yn byw, Thomas Jones a Sam, ewyrth a nai. Mae Sam druan wedi ei ddifadu o un goes ond mae gwên groesawus ar ei wedd lwyd tra'n cerdded o gwmpas gyda'i faglau. A Thomas Jones fel rhyw frenin bach a halen y môr wedi llinellu ei wyneb a sŵn y môr yn ei lais'.

Golygwyd y cyfan yn ofalus gan Gruffydd Parry.

Cofnod i fywyd pob dydd sydd yma, helyntion y môr, hanes ambell gymeriad hynod, arferion, tasgau bob dydd. A bwyd! I rywun fel fi a fagwyd yn sŵn brigau'r ffwrn fawr yn clecian cyn troi'n llwch poeth i bobi bara a phentyrru menyn cartre rhwng crensian y crystiau, roedd hi'n hawdd iawn rhannu'r gegin efo Tomos o Enlli:

> 'Torth dan badell bron gymaint â wyneb y bwrdd crwn bach, a'i chrystyn yn felen fel sofren. Weithiau, byddai'r gath yn mynd i ben y bwrdd, a cherdded hyd y dorth. Clywech ei chrystyn yn clecian dan ei thraed. 'Sgiat' meddai Mam, a rhoi clustan i'r gath â'r cadach llestri. Diwrnod prysur fyddai diwrnod pobi i Mam, eisiau gwneud digon o fara i lenwi wyth o stumogau iach. Byddai ganddi ddau gelwrn pren mawr wedi eu sgwrio'n lân. Blawd peilliad yn un, a blawd haidd yn y llall. Yn y gegin allan, ychydig o ffordd o'r tŷ, y byddai yn crasu'r bara. Simdde fawr oedd yno, a dim popty.
>
> Ar radell haearn fawr gron, wedi ei gosod ar drybedd drithroed, y byddai'n crasu'r bara. Rhwbiai'r rhadell yn gyntaf â chig moch, yna rhôi glapyn o'r toes ar ei chanol, a rhoi padell fawr haearn drosto. Byddai'n lapio tywyrch o amgylch y badell, yna llosgi rhedyn odani nes y byddai'n boeth.
>
> Byddai'n gwneud y dorth olaf bob amser mewn dau liw; clapyn o does gwyn a chlapyn o does haidd'.

Fel yna y gosododd Thomas Jones a Jennie Jones eu hudlath ar yr ynys. Fe gawn ganddynt helyntion pysgotwyr a drama'r llong-ddrylliad. Dynion cryf, merched nobl! Cytgord rhwng yr ynyswr a'i ddaear. Roedd i'r môr ei fygythiad a'i amodau. Roedd yno hefyd Dylwyth Teg a bwganod ond doedden nhw ddim yn ymgnawdoli mewn pobl go iawn.

*　　　*　　　*　　　*

Roedd Dilys Cadwaladr ar yr ynys yn y pedwardegau. Felly hefyd yr artist a'r llenor Brenda Chamberlain. Erbyn i mi ddod i'w hadnabod, roedd hi wedi symud i fyw i Fangor ar ôl treulio cyfnod hefyd ar un o ynysoedd bychain Groeg. Enlli oedd ei chartref ysbrydol hyd at ei marw trist. Yn ei llyfr cawn yr artist a'r llenor yn ymateb i wahanol foddau a ffurfiau'r ynys a'u troi'n dalpiau o gelfyddyd. Yn ei chwmni a'i chyffes hefyd 'roedd cymylau mawr yng nghelloedd hen rhai o'i chymdogion. O'i mewn hi, roedd y cymylau hefyd yn gylymau.

Cyfuniad o haul ac o dywyllwch oedd cymeriadau'r ynys. Er iddi ymdeimlo â charedigrwydd mawr ac ymateb yn sensitif ddiolchgar iddo, roedd yno hefyd islais o'r cyntefig a'r gwallgof. Yn ei bywyd personol, chwiliai am ei dinas noddfa ac am dangnefedd. Roedd ei phriodas â John Petts wedi chwalu. Daeth Friedrich ac fe aeth. Wedyn Paul. Bregus a thymestlog fu'r gyfathrach honno hefyd. Chwiliodd am gysgod o'r stormydd ymhell o benrhyn Llŷn.

Yn ei gyflwyniad i *Tide-Race,* roedd Jonah Jones wedi deall dryswch ei phererindod:

> 'Brenda came to the island part-wounded in some ways, came like a pilgrim searching out healing, hoping almost to master fear. One's first impression of Brenda was of vulnerability. She was small, yet strong of bone with a tall, gothic countenance. But she was susceptible to deep hurt, which she held within. To seek an island is the wish of those who suffer too deeply from the cut and thrust of mainland life'.

Yn niwedd ei stori, mae hi fel pe'n casglu ei chydynyswyr at ei gilydd am y tro olaf, Cadwaladr a Nans, Merfyn, y pysgotwyr cimwch a foddwyd, Sara, Twm, Dai Penmon, Jacob a Rhiannon a'i merch dlos Eira, y peiriannydd meddw, Stewart ac Alice anhapus, Friedrich a Paul:

> 'We are all in the *danse macabre,* the fatal play of life and death. The stained bones underground feel our dancing measure. The brisk feet leap over our own future graveplots. A little larger than life, dancing with more abandon and grotesqueness than the others; with the devil nudging his elbow and manipulating a wire in his head, is Caliban, the beast; the native genius of Prospero's island; of mine; of any islands. On this small stage, this microcosm, in the middle of a scene, the shadow of death falls on the players.'

Dyna'r ynys a welais i draw fan'cw o Harlech yn nechrau'r pum degau wedi magu ystyr a'm cipiodd ymhell y tu hwnt i ddiniweidrwydd a dihangfa ansylweddol y rhamantydd. Yn disgwyl am y cwch i fynd dros y swnt mae criw cymysglyd eu disgwyliadau.

Hawdd iawn yw deall yr alwad. Mae hi'n sôn am fywyd sy'n swnio'n delynegol o syml, ac yn mynd â ni yn ôl i gocŵn honedig ein plentyndod. Tipyn o sioc ac o ddadrith yn aml yw chwalu'r nyth ac ymddiried adain i gerrynt y gwynt. Neu, a dilyn delweddau rhyfeddol yr hen Bregethwr – 'cyn torri'r llinyn arian a darnio'r llestr aur, cyn malurio'r piser wrth y ffynnon a thorri'r olwyn wrth y pydew, cyn i'r llwch fynd yn ôl i'r ddaear lle bu ar y cychwyn . . .'

Am ein bod ni, fel yna, yn bwhwman rhwng yr ynys a'r tir mawr a heb fedru setlo ar y naill na'r llall, mae'r daith yn un boenus a'r ymchwil yn rhwystredig. Ar y tir mawr fe welwn ac fe hiraethwn am y lwmpyn o dir sydd allan fan 'cw. O'r ynys, mae galwad gorwelion 'gwâr' y tir mawr, yn y diwedd, yn anorchfygol – yn enwedig os ydech chi'n ifanc a heb orffennol.

Rhywle yn nhrochion mympwyol y swnt, mae'r ddau weld yn cyfarfod! Weithiau mae'r ynys yn edrych yn agos, weithiau ymhell – hynny, medde nhw, yn dibynnu ar natur y golau a'r tywydd. I Dilys Cadwaladr a Brenda Chamberlain, y pellter oedd yn bwysig. Ac o gyrraedd, y gobaith y byddai digon o le. Dyna un o'r anghenion – gofod. Lle i anadlu, i siarad efo ni'n hunain, 'lle i enaid gael llonydd'. Ar y tir mawr ryden ni'n stampio ar draed ein gilydd, yn ymyrryd, yn meddiannu, yn busnesa. Acw . . . Ond mi fedr droi'n ynys glawstroffobig.

Ar ei thraethau fe ddaw gwirod y llongddrylliad, sbwriel plastig y tir mawr a thagfa ddrewllyd bygddu rhyw Ymerodres y Môr. Wedi'r cwbl, mi fu'r ynys yn rhan o'r tir mawr unwaith.

Dawns esgyrn y meirw fu Enlli i Brenda Chamberlain, nid gorffwysfa i'w henaid. Ac wrth chwilio i mewn fel hyn i gyfrinachau ambell drosiad a metaffor tir a môr, mae'n beryglus iawn diffinio gofod yn unig yn nhermau darn o dir, neu gredu mai smotyn ar fap draw fan'cw yn unig yw'r ynys. Unwaith y byddwn ni wedi caethiwo'n breuddwydion a'n ffydd i dalp o ddaearyddiaeth neu i adeilad neu sefydliad, ryden ninnau hefyd ar y ffordd i'r fynwent.

*   *   *   *

Roedd y daith wedyn draw i orllewin yn rhan o batrwm, ac yn dilyn hen drafnidiaeth hanes a chwedl. Yn fwy penodol, mae mwy na chytiau'r Gwyddelod yn cydio pen-draw Llŷn wrth y gorllewin pellach hwnnw. Mae ambell wyneb, fel y graig, fel pe wedi bod yma erioed a llonyddwch diamser sy'n gallu gwneud i ymwelydd deimlo'n estron ymwthgar. Pan oedd y camera teledu'n rhywbeth newydd, nid heidio ato ond dianc rhagddo fyddai ymateb trigolion y cyrion. Wrth dynnu llun, ac efallai ei ddangos i eraill mewn man arall, roedden ni bobl y cyfryngau yn chwalu eu preifatrwydd a'i wneud yn eiddo cyhoeddus; nid cyfathrachu ond ecsploitio a chwalu'r gwahanfur.

Roedd y tirlun yn debyg. Yr un oedd y wefr wrth fynd ymhellach ac ymhellach i'r gorllewin nes cyrraedd pen y daith. Yn fwyaf penodol, draw o ddinas Galway roedd ynysoedd Aran, ac o Dingle, ynysoedd y Blaskets.

Yn y saith degau, roedd cyd-ddigwyddiad arall hefyd. Yn Llŷn, roedd sôn am gau ysgol Bryncroes. Yn Dunquin, yr un bygythiad.

Draw fan'cw mae'r Blasket Fawr ac o'i chwmpas fel pedwar cyw dan gysgod eu mam, Inishtooshkert, Inisteeraaught, Inish na Bro ac Inishvikillaun. Erbyn i ni gyrraedd a baglu i'r lan rhwng creigiau a gwmon llithrig, roedd y Blaskets yn wag. Ond yn union fel yn hanes Enlli, roedd gen i leisiau'r ynysoedd i ail-fyw'r profiad o gael eu geni a'u magu yno . . a thristwch y gadael anorfod. Fe ysgrifennwyd tri chlasur sydd wedi eu darllen ar draws y byd – *Myfyrdodau Hen Wraig,* Preig Sayers, *Ugain Mlynedd o Dyfu,* Maurice O'Sullivan a'r *Ynyswr* gan Tomas O. Crohan. Yna eistedd ar bwys adfeilion hen gartref Tomas O. Crohan ac edrych allan i gyfeiriad Dunquin a'r tir mawr. A darllen:

'Dyma graig ynghanol y môr mawr. Dro ar ôl tro mi fydd y beisdon yn rhuthro drosti o flaen cynddaredd y gwynt. Fel y gwningen yn ei chwman yn ei gwâl ar Inishvickillaun pan fydd y glaw a'r heli'n hedeg, feiddiwch chi ddim mentro'ch pen allan. Yn aml, mi fydden ni'n mynd gyda'r wawr i bysgota a hithau'n braf. Erbyn nos, mi fyddai'r tywydd wedi troi a'r ynys yn drysu o boeni amdanon ni. Weithiau, mi fyddai'r môr yn golchi trosom a ninnau'n methu gweld glan. Dro arall mi fyddai'r cychod mor llawn fel na fedren ni wneud dim ond torri'r rhwydau'n rhydd a cholli pob pysgodyn er mwyn cyrraedd glan . . .

Rwy'n cofio bod ar fron fy mam. Byddai'n fy nghario i fyny'r allt yn ei basged bysgota; yna yn ei llenwi â mawn a'm cario i yn ôl dan ei braich . . . Rwy'n gobeithio i Dduw y bydd iddi hi a'm tad etifeddu'r deyrnas ac y bydd i mi ac unrhyw un a ddarlleno hyn o stori ymuno â ni ar Ynys Paradwys'.

Wynford

Testament gŵr a dreuliodd ei oes ar yr ynys yw stori Tomas. Dim ond diwrnod fu fy arhosiad i. Mi fuaswn wedi rhoi'r byd yn grwn am gael clywed yr awdur yn mynd trwy'i bethau – o flaen tanllwyth o dân mawn a'r môr yn ochneidio y tu allan. Ond 'fuaswn i ddim wedi deall nemor ddim o'i stori. Gwyddeleg oedd ei iaith a thrwy ei chystrawen a'i rhythmau y daeth y cyfan yn fyw i'w gynulleidfa.

Ac yma mae cyfarwydd arall o athrylith yn dod i mewn i 'mywyd i. Pan ddilynwyd cwmni TWW gan Deledu Harlech, (wedyn HTV) fe ddaeth Wynford Vaughan Thomas yn un o'r penaethiaid. Roedd o eisoes wedi bod yn un o ohebwyr disgleiriaf yr Ail Ryfel Byd ac wedi gweld mwy na'i siâr o'r erchyllterau. Gwelodd Berlin yn llosgi, a bu'n un o'r tystion cyntaf i realiti Belsen. Fe ddywedodd wrtha' i fwy nag unwaith wrth drafod natur rhaglenni nad oedd o ddim am weld y sgrîn yn troi'n foddfa o ddagrau ac o hanes y gwallgofrwydd a gafodd y fath effaith arno. Y tu ôl i'r llifeiriant o eiriau, yr ansoddeiriau llachar a'r limrigau *risque* roedd Wynford arall yn galon ac yn gonsyrn i gyd. Ei boendod mawr oedd ein diffyg gofal o'n hetifeddiaeth. Hiraethai yntau am ryw gornel anllygredig.

'Dw i ddim yn cofio beth yn hollol oedd y cefndir i'r llythyr sy'n dilyn. Yma mae o'n sôn am lyfr Tomas O. Crohan.

'Annwyl Gwyn.
A wonderful book! I once lived 3 days on the Blaskets when it was still inhabited.
Oh, the drinking, the singing, the boats of skin skimming the white breakers of Teeraught, the endless stories in the little houses of Lower Village, the cascades of porter, the Dublin Civil Servants coming to live there for two weeks to get enough Irish to pass their examinations and get a 5% increase in their salary, and the 'Kruger' in Dunquin watching through his glasses to see if the 'boys' were running any of the 'real stuff' in the night, and the seals coming ashore on the coast cliffs north of the White Strand, and the visit of the priest – as fat as a roll of Towy butter – to confess the non-existent sins of those isolated, innocent drunks. I wish I were 40 again and there were no aeroplanes, and Tourist Boards hadn't begun and no one knew about the wild places on the earth except me, and that I hadn't drunk so much vintage port – as you will easily guess once you read this screed!
from your
wild-witted Wynford'.

Aran

'Gwead a Phatrwm'

Wrth drafod gwaith arloesol y gwneuthurwr ffilm, Robert Flaherty mae Richard Corliss yn dweud hyn:

> 'The 70s may be remembered as the decade when cynics became hooked on nostalgia, a narcotic that blunted memories in a saccharine shroud as phoney as any studio-made mist'
>
> (*Cinema*. Cyfrol 1. Golygydd Richard Roud)

Cyfeirio mae Corliss at ffilmiau fel Nanook of the North a Man of Aran a brwydr ddiarbed dyn yn erbyn yr elfennau. 'Does dim sacarinaidd yn y portread yma – 'doedd y ffilm ddu a gwyn ddim hyd yn oed yn gallu dal y lliwiau cerdyn post a'i sbloet o fôr ac awyr asur a thraethau gwyn. Be' gawson ni ganddo oedd silwét o gyryglau Gwyddelig yn crafangio fel chwilod dros y tywod ac yn anelu'r pigau i safnau'r tonnau. I Flaherty roedd brwydr brodorion y cynfyd yn erbyn yr elfennau yn cael ei hymladd yng nghyrion y gorllewin Celtaidd. Roedd hi'n frwydr amhosibl o unochrog wrth gwrs: hyrddio hen offer cyntefig a hudlath ofergoelion i ddannedd y storm. Ac fe fagodd y gorllewin pell hwnnw ei ddirgelwch – dirgelwch y 'pethau nad adnabu'r byd'! Roedd cyfrinach parhad yr hil yma a phwerau na wyddai'r dyn cyffredin ddim amdanyn nhw. Roedd holl ddyfeisiadau ein technoleg newydd a glits y ddinas wedi colli'r wyrth a'r goruwchnaturiol.

Yn y saith degau hynny hefyd, un o'm ffrindiau oedd y llenor-seiciatrydd Harri Pritchard Jones. Roedd o, ar ôl cyfnod fel myfyriwr meddygol yn Nulyn, ac yfed yn ddwfn o haenau diwylliannol a chrefyddol y ddinas a'r Ynys Werdd, wedi mynd yn feddyg ifanc i Inishmor. Ac yn y saith degau y cyfeiriwyd atyn nhw eisoes – cyfnod yr hiraeth a'r niwl – dyna fynd efo'r uned ffilmio draw i'w ynys ac Ynys Flaherty. Nid yr un yw pererindod ysbrydol Harri a minnau. Eto, wrth ymbalfalu ein ffordd ddilewyrch yn ôl i'r llety i gyfeiliant trymru'r môr a chroesawu gwawr ar graig a chors uwchben y dwnjwn, wrth geisio darllen llinellau a cherfiadau hen hen wynebau'r ynyswyr, fe'm rhwymwyd innau gan empathi yr annirnadwy.

Aran

Yn ei gwmni hefyd, yn y bwthyn y bu Flaherty yn rhoi trefn ar ei ffilm a'i weledigaeth, fe drodd ambell stori a golygfa'n ddameg neu'n fetaffor unwaith eto.

Ar y pimplyn yma o graig ynghanol yr Iwerydd mae'n anodd credu y gellid tyfu unrhyw beth a fedrai droi'n ymborth. Ond fe luniwyd caerau crynion bach o gerrig a'u gwrteithio â gwmon y môr i esgor ar gynhaeaf o datws a llysiau, llwyni a blodau.

Yr un môr sy'n llenwi rhwydau ac yn dryllio bywydau, yn boddi ac yn adfywhau. Dyna ran o'r patrwm. O syllu yn fwy manwl ar y waliau cerrig, 'roedd iddyn' nhw hefyd eu cynllun a'u crefft. Rhan o'r un drefn gywrain yw'r storiau neu'r chwedlau sydd ynghlwm wrth wead siwmperi Aran. Roedd cynllun gwahanol i bob teulu, a phan fyddai'r Iwerydd yn hawlio un o'r pysgotwyr mi fyddai'i dras yng ngwead ei siwmper.

Fe ddywedid hefyd mai eu meistrolaeth ar y cwrwgl yn hytrach na'u gallu i nofio oedd eu hunig amddiffyniad. Dyna pam nad oedden nhw yn gallu – nac am ddysgu – nofio. Os oedd eu hawr wedi dod . . . Ffawd ac nid mympwy oedd yn dyddio diwedd y daith.

Cydblethiad cymhleth sydd yma. Tirlun yn glytiau o erddi a chaeau, cefnfor yn cael ei dyllu gan glystyrau o ynysoedd, goroesiad a dadfeiliad, ddoe ac yfory, y cynhenid a'r estron.

Does ryfedd yn y byd fod celfyddyd yr hen Geltiaid mor llawn o gylchoedd cadwynog!

Wrth edrych yn ôl heddiw a cheisio rhoi rhyw fath o drefn ar y bererindod yma, mae'n amlwg fod y cyfrwng, i ryw raddau, yn llywio'r dehongli. Llun sydd yn y lens a'r llun hwnnw wedyn yn troi'n symbol neu'n fetaffor ac yn agor drws dychymyg.

Fe ddaeth hyn yn amlwg iawn i mi wrth ymweld yn fuan wedyn ag Ynysoedd Heledd, yr Hebredïau yng ngogledd orllewin yr Alban – yn benodol Lewis, Harris a Barra. Gwyddeleg oedd iaith Aran. Yma, Gaeleg.

Yn Aran, y siwmper a'i phatrymau. Ar ynys Harris, y brethyn sy'n cario enw'r ynys. Wrth wrando ar stori'r gwlân a ffilmio'r gwahanol brosesau, roedden ni fel pe'n gwrando hefyd ar hanes a thyndra mewnol y gwehydd o fewn ei fro a'i fyd. Yma, fel yn Aran, roedd y dychymyg yn gweithio ar sawl lefel. Dyna mae'n debyg ydi dameg!

O gofio mai'r diwydiant brethyn oedd un o gonglfeini'r economi a'r ffordd o fyw, ac wrth syllu mewn rhyfeddod ar wahanol batrymau'r gwead a holl ehangder lliwgar y tirlun, roedd hanes yr ynysoedd yma hefyd fel patrymau o liwiau, o gyfnodau'n dod a darfod. Yma roedd haul a chawod, creigiau mawr a moel, llynnoedd a hesg. Yma hefyd y cymdeithasau bychain wedi eu hysgaru oddi wrth y byd mawr oddi allan ac i raddau oddi wrth ei gilydd gan anghyfanedd-dra'r stribedi o ynysoedd bychain.

Ar ynys Lewis, Meini Callanish wedi eu codi ryw dair mil o flynyddoedd yn ôl gan ryw lwyth cyn-Geltaidd o blith yr Iberiaid. Dyma'r unig gofadail i'w diwylliant. Rhyfedd fel mae'r hen olion creithiog yma i'w canfod mor aml ar arfordir y cyrion Celtaidd ac i gyfeiriad machlud haul. Mi fyddai'n felys o hawdd ymgolli'n hiraethus efo Waldo 'y pethau anghofiedig' ac athronyddu'n symbolaidd am y machludo sy'n darogan y diwedd – heb sôn am y meini sydd yn fwy gwydn na'u hadeiladwyr!

Nid nad oedd ambell brofiad a defod hefyd wedi eu ffosileiddio. Roedd hi'n ddydd diolchgarwch bnawn Sul yn y capel ar ynys Lewis. Roedd eu gweld yn dod ar lwybrau'r mynydd fel defaid tua'r gorlan yn mynd â mi yn ôl i Gymru wledig cyn y rhyfel. Ninnau'n gosod ein hoffer ffilmio gan obeithio tynnu llun a recordio'r gân. Pob un o'r ddiadell yn troi eu hwynebau oddi wrthon ni. Haint o fyd y barbariaid oedden ni – yn rhy halogedig i gael mynd i mewn i'r cysegr.

Safem y tu allan i'r eglwys yn gwrando ar y geiriau a'r gân – yn ocheneidiau di-swyn a digynghanedd, ac o'r un straen, mae'n siŵr, a'r canu pwnc draw yn ne orllewin Cymru. Ar y to, roedd brân ddu yn crawcio'i chyfeiliant. Ynghanol sbloet o fachlud, o borffor grug a llynnoedd yn bigau sêr yn yr hesg, roedd y llafn tywyll melancolaidd yma yn llwybreiddio'i ffordd ar draws yr ynys. A hen linellau poen yn yr emyn a'r wyneb.

Wrth wylio'r ddiadell yn dod allan o'i chysegr a dychwelyd yn ôl adref dros y gweundir, mi roeswn i lawer am gael rhyw gip bach ar y ddaearyddiaeth fewnol a therfynau a dyfnderau eu pererindod ysbrydol. Tybed a oedd yn y guddfan honno ddinas glaerwen ac angylion, dawns a gorfoledd? A llawenydd nad adnabu'r byd? A pham felly fod yn rhaid iddyn nhw dagu'r ecstasi mewn bariau lleddf ac wylofain tragwyddol? Y *Via Dolorosa* yn wir!

Ar yr un ynys roedd ffyrdd troellog eraill – y tro yma yn arwain o'r dafarn adref. A'r caniau cwrw'n llenwi'r llwybrau a'r ffosydd mawn. Ochr-yn-ochr (os priodol yr ymadrodd!) â'r Ffydd ddi-sigl, mae'r lefel uchaf o alcoholiaeth yn Ewrop. Yn nosweithiau gaeafau Harris a Lewis fe fydd mwy nag un ysbryd yn cynnig ymwared ac anghofrwydd.

*   *   *   *

Casgliad o grofftau neu dyddynnod gwasgaredig yn hytrach na phentrefi bach taclus yw'r uned gymdeithasol yma. A hanes yr ynys yn cael ei fynegi mewn cân a stori ar aelwyd trigolion fel Murdo a Norma MacLeod. Yma roedd stribedi o benillion yn llunio baled, a'r faled yn ei thro yn dalp o hanes mynd a dod, o gariad a gollwyd ar y môr, ac arwriaeth gwerin falch y crofft. Wrth wrando ar y stori ac ar y newid a fu, dyna sylweddoli'n fuan iawn mai stori'r brethyn yw stori'r ynyswyr hefyd. Yr un yw'r bygythiad yn y patrwm a'r gwead.

'Does na'r un croft yn hunangynhaliol bellach – rhaid ei gysylltu â rhyw ddiwydiant arall. A'r diwydiant hwnnw sydd wedi gwneud yr enw Harris yn enwog drwy'r byd. Ond partneriaeth rhwng y crofft a'r ffatri yw'r diwydiant bellach. Ers talwm, roedd y gwaith o lanhau a lliwio'r gwlân yn waith llaw. Golchi a staenio mewn unrhyw nant gyfleus a gosod pot du mawr ar dân o fawn, a'r cribo a'r nyddu'n mynd ymlaen yn yr hen dai duon. Roedd lliw ac arogl y mawndiroedd yn y defnydd gorffenedig a'u hapêl yn nhai ffasiwn soffistigedig y dinasoedd mawr yn anorchfygol. Dyna'r deunydd a'r dirgelwch sy'n hŷn na'n holl dechnoleg.

Mae'r gwaith hwnnw erbyn hyn i gyd yn cael ei gyflawni o fewn ffiniau'r ffatri. Fe fu newid arall hefyd. 'Dydi'r galw am frethyn Harris ddim fel y bu – medde nhw i mi. Efallai nad yden ni ddim bellach am fuddsoddi mewn brethyn diddarfod. Cynnyrch cyfnod ac angen arbennig oedd parhad felly. Ac wrth orfod symud fwyfwy i fyd carpedi, llenni a dodrefn, roedd lled y gwead hefyd yn annerbyniol ac anghyfleus.

Ond o fewn yr hen batrymau traddodiadol y daeth y newid mwyaf trawiadol. Ddoe, cynnyrch dychymyg a dyfeisgarwch yr ynyswr oedd hi. Roedd rhywun yn hoffi meddwl bod staen y machlud, rhwd rhedyn, cochni du dŵr y mawn, tonnau'r môr a chrych llyn yn mynd i mewn i'r patrwm gorffenedig. Erbyn hyn, cynnyrch y compiwter ymhell o'r ynys yw'r patrymau newydd yn y brethyn cartref.

Yn yr holl newid yn natur y brethyn a'i batrymau, mae un cysur. 'Dydi hi ddim yn bosib dileu cyfraniad y crofft nac ysgaru'r cynnyrch yn llwyr oddi wrth ei wreiddiau. Fe ddiffiniwyd brethyn Harris yn

Ynysoedd Heledd

Ar y Ffordd i Barra

1934 ac mae hwnnw yn aros hyd heddiw: 'Brethyn sydd wedi ei wneud o wlân di-wair, pur, wedi ei gynhyrchu yn yr Alban a'i orffen ar ynysoedd Heledd, a'i wau â dwylo'r ynyswyr yn eu cartrefi ar ynysoedd Lewis, Harris, Uist a Barra'.

I'r rhai hynny ohonon ni sy'n ofni y gall y cyfuniad o dechnoleg a mewnforio patrymu dieithr danseilio pob hunaniaeth, mae stamp Harris a statws breintiedig gwlân ynysoedd Heledd yn wers!

*   *   *   *

Mi roedd yna un daith ac un ynys ar ôl yma yng ngogledd orllewin yr Alban – ynys Barra. Ynys Babyddol! Fe ddaeth y sant Findbarr yma o Cork yn y chweched ganrif. Cwch a'i cludodd o. Awyren oedd hi yn ein hanes ni. ' Does na ddim maes glanio yno na hyd yn oed lain o dir digon gwastad. Mae'r gwasanaeth awyr yn gorfod dibynnu ar y traeth – a dewis amser pan fydd y llanw allan!

Ar ôl ysgythredd a moelni cadarn Lewis a Harris roedd hon yn faldodus braf efo'i sgert o dywod lliw hufen. Roedd yma hefyd ryw lawenydd llednais ac mi roedd yr awyr, rywfodd, yn ysgafnach. Hwyrach bod a fynno dau o gymeriadau'r ynys rywbeth â hynny.

Mynd i gartref Michael Joseph McCinnon. Ar ôl treulio oes fel saer ar Fôr India, cyfnod wedyn yng ngwersyll Stalag 5B, fe ddychwelodd i'w fwthyn yn edrych allan ar Fae'r Gogledd. Yno, treuliodd ei flynyddoedd yn adeiladu telynau i'r plant. Cychwyn y gwaith mewn gweithdy yn yr ardd a'i orffen yn y parlwr ffrynt. 'Cofio Barra a'm cadwodd yn wyneb torpedo a Stalag', medde fo. A mynd ati efo'i delynau am fod ei offeiriad, y Tad Calum McNeill, yn teimlo'n gryf y dylai plant yr ynys gael cyfeiliant addas i hen alawon Barra. Y Tad trydanol hwnnw aeth â fi allan yn ei gwch bach a rhoi gwers mewn daearyddiaeth a physgota dynion imi! Wrth sôn am y delyn a'r alaw, fe soniodd am hen haenau'r ynys a'm siarsio i fynd i dafarn heb fod nepell o Castlebeigh ryw nos Sadwrn. 'Setlwch mewn rhyw gornel fach – a hwyrach cyn i'r nos ddod i ben fe gewch chi glywed rhai o gerddi dilys yr ynys' ('the authentic songs of Barra').

Fe sgubwyd nifer o'r trigolion i mewn i'r dafarn o'r gweundir stormus. I fyny â nhw at y bar a'r yfed a'r siarad yn araf godi'n gresendo braf. Minnau'n disgwyl am hen seiniau'r ynys. Toc dyma geidwad y bar yn estyn ei fraich i gyfeiriad y set deledu. Darfu'r siarad a daeth Kojak i mewn o'r bocs! Tua'r unarddeg o'r gloch camodd y criw cegrwth allan i'r nos. 'Chlywais i'r un o gerddi gwreiddiol Barra. Ond fe gefais, fel y cafodd holl gorneli diarffordd y byd bron bellach, stori a lolipop Kojak.

Roedd Michael Joseph MacCinnon wedi dod yn ôl o afael torpedo a chaledi Stalag ac wedi cynllunio ac adeiladu telynau bach yn gyfeiliant i blant Barra. Ac fe glywais i barti o ferched a thair telyn yng nghartref eu hoffeiriad. Roedd ganddyn nhw gân. Roedd ganddyn nhw gyfeiliant. Ond y noson arall honno, ar gyrion Castlebeigh, roedd Kojak wedi mygu cân unrhyw Barra.

A dyna ninnau'n ôl unwaith eto efo'r brethyn a'r pwyth a'r patrwm – a'r dechnoleg sy'n gallu newid a dadwreiddio popeth.

*   *   *   *

Cyn gadael y clwstwr o ynysoedd yn ymestyn o Enlli draw i orllewin Iwerddon a'r Alban, mae un olygfa arall. A'i gweld hi o'r awyr wrth fynd ar daith fer o Galway i Aran. Hen gaer *Dun Angus* yn hanner cylch caerog uwchben y môr a bellach yn adfail. O edrych arni lawr fan 'na, roedd hi'n amhosibl gweld sut y gallai unrhyw elyn ei darostwng fyth. Roedd ei muriau mor drwchus a'r dwnjwn mor ddwfn. A gofyn y cwestiwn, beth ddaeth o'r llwyth y tu fewn i'r gaer? Un eglurhad posibl yw iddo gilio draw ymhellach ac ymhellach i'r gorllewin i wynebu ei safiad olaf. Ond iddo gael ei ddarostwng yn y diwedd, nid gan unrhyw rym o'r tu allan, ond gan ddiffyg bwyd ac adnoddau o'i fewn. 'Doedd raid i'r gelyn wneud dim ond aros nes byddai pob stordy a bwrdd a ffynnon yn wag. Wrth ei gau ei hun i mewn roedd Don Angus hefyd wedi cyflawni hunanladdiad. 'O! Israel, ti a'th ddinistriaist dy hun'.

Mae cân yr ynys o dragwyddol bwys. Mae ei goroesiad a marsiandïaeth ei hysguboriau yn dibynnu ar ei hadnoddau mewnol. Ond dydi 'sefyll yn y bwlch' ddim yn golygu cau'r bwlch. Ei reoli yw'r gamp o hyd.

YNYS LLANDDWYN

(Cerdd a luniwyd i gyfeiliant hen alaw Ffrengig gyda ffilm o'r ynys yn gefndir)

Mae 'na fôr-forwyn yn Llanddwyn
a'i thresi melyngoch dan donnau gwyrdd.
Ar glogwyn o aur – y cof amdani
yn dorch o Seren y Gwanwyn.

Stori y storm ar y trwyn
a nosau pelydrau'r goleudy gwyn.
Y ddoe cynddeiriog heddiw'n asennau pigog
ar greigiau Llanddwyn.

Cinio i'r cywion
yn wylio dau uwch y dwfn
a phryder ac ofn yn ddwy goes ar binnau
yn nhywod Llanddwyn.

Hen eglwys yn glais ar y gorwel
ac adfail o ddinosawrws
ar weundir Llanddwyn.

Yn stori?
Yn freuddwyd?
Yn noddfa i'r addfwyn?
Yn golled? Yn siambar sorri?

Hanes ein heinioes a'n henaint
yw hanes hen ynys Llanddwyn.

Efo Yevtushenko a'r Athro Gareth Jones

Awel o Siberia

'To Gwyn, to a really juicy apple . . .Yevgeny Yevtushenko. 1975.'

'Roedd y bardd o Rwsia wedi dod i Gaerdydd ar wahoddiad Cyngor y Celfyddydau. Ei gyflwyniad personol yn ei ddetholiad o gerddi *Stolen Apples* ydi'r geiriau uchod. Yr afalau hynny, yn hytrach nag unrhyw flas a feddaf fi, sy'n egluro'i ddewis o ansoddair! Hwyrach hefyd fod a fynno'r pasta a'r Chianti ym mwyty Savastano rywbeth i'w wneud â'r peth. Dan amgylchiadau felly yn aml fe ellir arllwys galwyn i wydr peint – yn oriau, yn siarad ac yn adnabod.

Er mor fyr yr ymweliad, fe drefnwyd hefyd sgwrs deledu rhyngddo a'r Athro Gareth Jones o Goleg y Brifysgol ym Mangor.

Fe wyddem gryn dipyn amdano cyn iddo ddod, – am ei bersonoliaeth allblyg, ei branciau anghonfensiynol, a'i ddawn i gyfathrachu â phob haen o gymdeithas. Nid dyma'r ddelwedd arferol o fardd fel un sy'n caru'r encilion ac yn ymgolli'n llwyr yn ei ddelweddau a'i fyfyrdodau. Ar ben hynny, roedd o'n boblogaidd ac yn denu'r miloedd i wrando ar ei ddarlleniadau cyhoeddus. Mae ganddon ni yng Nghymru griw o feirdd bywiog yn cyflwyno'u gweledigaeth mewn corneli cyfyng – tafarndai yn bennaf. Ysywaeth, 'dyw'r gynulleidfa honno fawr mwy na'r criw o ffyddloniaid sy'n dal i gynnal oedfa'r Sul.

Wedyn, y dirgelwch a'r cwestiwn. Beth yn hollol oedd ei swyddogaeth a pham ei fod o'n llwyddo i gael mynd i bob gwlad ar ei liwt ei hunan? Sut y gallai o gadw'n deyrngar i'r gofynion Sofietaidd tra ar yr un gwynt honni ei fod o'n rhydd i ganu fel y mynnai, pryd y mynnai? Pwy oedd yn twyllo pwy? Ai ystryw oedd y cyfan? Wedi'r cwbl, roedden ni wedi byw drwy gyfnod lle roedd ysbïwyr a bradwyr yn cuddio y tu ôl i'r addurniadau academaidd a'r cymwysterau artistig uchaf posibl – o Gaergrawnt ac Aberystwyth i Foscow.

Ai rhyw Sioni-bob-ochr soffistigedig iawn oedd Yevgeny Yevtushenko?

Mi roedd y bardd yn ymwybodol iawn o'r amheuon. Yn ei ragymadrodd i *Stolen Apples,* mae'n ychwanegu at y cwestiynau:

75

'Wrth ddarllen rhai erthyglau amdanaf yn y Gorllewin, rwy'n gofyn pwy gythrel ydi'r 'Y.Y.' 'ma? Un o sêr y ffilmiau'n torheulo o flaen y camera? Matador yn tormentio trwyn y tarw efo'i glogyn coch? Cerddwr y rhaff tenau rhwng Gorllewin a Dwyrain? Neu, fel yr awgrymodd Kingsley Amis, diplomat answyddogol ar deithiau cudd dros y Kremlin? Chwilen Sofietaidd? Un arall o allforion ei wlad – fel Caviar neu Vodka? Anghydffurfiwr mewn gwisg barchus? Neu gydymffurfiwr yn actio fel llais rhyddfrydol? Neu y cyfan efo'i gilydd wedi eu hysgwyd i roi i'r byd Goctel Yevtushenko?'

Digon prin y gellid datrys yr enigma mewn diwrnod! Er hynny, fe adawodd ambell awgrym dadlëniadol ar ei ôl. Wrth sôn am ei fagwraeth yn Siberia fe soniodd am arwyddocâd deublyg y ddaear anhydrin honno. Yno yr alltudiwyd rhai o'r goreuon. Nid anialwch oedd Siberia iddo ond cartre'r deallusion a'r eneidiau prin a dewr. Roedd ei hynafiaid wedi eu halltudio yma ac fe'i ganwyd yng nghyffordd fach Zima. Fe'i magwyd yn sŵn storïau o wrthryfel – hen nain iddo wedi lladd un o blismyn y Tsar â'i dwrn; y teulu cyfan wedi bachu ceiliog coch y sgweiar ac yn cael ei ddedfrydu i gerdded mewn cadwyni ar draws Siberia. Cymdeithas o wahanol genhedloedd oedd hi – Pwyliaid, Iddewon, Iwcraniaid, Belorwsiaid – yn frawdoliaeth wedi ei saernïo gan erlid, blinder a breuddwyd. 'Weles i erioed unrhyw fath o wrthsemitiaeth yno. Ddim yn Siberia. Fe glywais y gair *yid* am y tro cyntaf ar ôl mynd yn ôl i Foscow'.

A dechrau barddoni? Pan oedd ei dad a'i fam i ffwrdd yn y rhyfel, roedd Yevgeny yn canu i'r milwyr yng ngorsafoedd y rheilffordd er mwyn cael darn o fara neu bastai. Roedd o hefyd yn dawnsio mewn priodasau ac yn clywed hen ganeuon a baledi'r werin. Dechrau ysgrifennu'r geiriau o'r cof, a phan fyddai'r cof yn pallu, creu llinellau newydd i lenwi'r bylchau. A dyna ddechrau'r gerdd.

Ac yntau bellach yn berfformiwr ei hunan ac yn ffigur cenedlaethol a rhyngwladol, roedd o am bwysleisio gwerth cynulleidfa a'r berthynas gyfrin rhwng y bardd a'r dorf:

'Yn Rwsia, ryden ni'n darllen ein cerddi yn y ffatrïoedd a'r gweithfeydd, yn y prifysgolion a'r canolfannau swyddogol. A meysydd chwarae. Deng mil ar hugain yn gwrando. Rwyf newydd ddychwelyd o Siberia ar ôl darllen fy ngherddi yn y mwyngloddiau cwarts ac aur . . . gweithwyr felly ydi'r gynulleidfa orau i gyd. Gweithiwr ydw innau, gweithio efo geiriau. Er bod bywyd bardd fel bywyd mynach, tydw i ddim yn unig – rwy'n gweld wynebau'r gwrandawyr o 'mlaen ac efo nhw rydw i'n siarad yn fy ngherddi'

Ar yr un pryd, 'roedd o am bwysleisio pwysigrwydd rhyddid – 'mae'n gas gen i weld cynulleidfa'n gwthio'i chwaeth a'i dymuniadau arna i, pan fyddan nhw yn gweiddi allan 'Darllen hon . . . darllen y llall'. Mae'n beryg bywyd bod yn degan neu yn eilun yn nwylo'r dyrfa.'

Roedd o'n cael ei gysylltu yn y pum degau â'r gwŷr ifainc llidiog, ac yn awyddus iawn i gydnabod hynny:

'Os nad oes rhyw gynddaredd yn ei losgi, yna nid gŵr ifanc mohono ond hen ŵr ar ei bensiwn! Roeddwn i'n perthyn i'r genhedlaeth a anwyd yn nheyrnasiad Stalin ac fe welson ni'r cyfan â llygaid plentyn ond heb allu pwyso a mesur. Pan ddaeth y newid mawr a'r cataclysmau yn ein gwlad, a phan ddaethon ni i wybod am y troseddau a oedd ymhell y tu hwnt i ddychymyg plentyn, roedd yn rhaid dweud NA'.

Fe chwythodd y brotest drwy'r byd i gyd ond nid yr un oedd ei chynnwys o wlad i wlad. Roedd 'na wahaniaeth rhwng Rwsia a gwledydd Prydain. Iddo fo a'i debyg, gwrthod pob ffurf ar ormes, siofinistiaeth a biwrocratiaeth. Ond fe deimlai amdanon ni yma mai rhaglen gwbl negyddol oedd hi – torri'n rhydd o bob ymrwymiad cymdeithasol heb unrhyw fath o ddewis amgenach na gweledigaeth.

'Mae 'na ddywediad da yn Ne'r Amerig. Cwestiwn – 'A phan fydd y bobol hynny efo tân yn eu bol yn heneiddio tipyn, be sy'n digwydd iddyn nhw?' Ateb – 'Ymuno â'r frigad dân!' Fydda i byth yn y frigad dân'.

O'r cerddi a ddarllenodd Yevgeny yn y cyfweliad, roedd i ddwy ohonynt arwyddocâd arbennig. Wrth drafod yr anhawster amlwg o gyfieithu darn o farddoniaeth i iaith arall fe gredai fod modd trechu rhwystr iaith. Meddwl â miwsig geiriau yw barddoniaeth iddo ac fe all cyfieithiad ladd miwsig. Dyna pam ei fod am gael cyfieithiad sy'n cyfleu ystyr y gwreiddiol i ddechrau, yna mynd ati i'w ddarllen. Ac fe gâi y teimlad rhyfedd fod y gwrandawr yn 'deall' heb fedru'r iaith. Enghraifft o hynny oedd ei ddarlleniad o'r gerdd *Rhwng Dwy Dre*. I ni oedd yn gwrando'r diwrnod hwnnw, roedd yr effaith yn drydanol a'r iaith ddieithr, yn ei sigl a'i swae, ei phatrymu rhythmig a'i miwsig, fel pe'n magu adenydd. (Fe ddylwn ychwanegu hefyd yma y gellir cael cyfieithiad sensitif sy'n gydnaws â synnwyr a sŵn y gwreiddiol, fel yn yr enghraifft hon.)

'Rwyf fel trên fu'n rhuthro o oes i oes
Rhwng y dref a elwir NA
       a'r dref a elwir OES.
Fy nerfau yn dynn, fel gwifrau da,
Rhwng y dref a elwir OES
       a'r dref a elwir NA.

Popeth yn farwaidd, yn ddryslyd yn y dref a elwir NA.
Mae'n debyg i stydi wedi ei dodrefnu â hiraeth.
Gyda'r bore, byddant yn sgwrio'r llawr â wermod,
Pob soffa yno'n gelwyddau, y waliau o flinderau.
Pob llun yno'n edrych yn ddrwgdybus.
Pob peth yno'n gwgu'n swrth.
Dim peryg cael cyngor da yma,
Neu, dyweder, gyfarchion, neu dusw o flodau gwyn.
Mae'r teipiaduron yn curo'u hatebion o dan y carbon:
'Na-na-na . . . Na-na-na . . . Na-na-na . . .'
A phan fydd y golau yn diffodd yn llwyr,
Bydd yr ysbrydion yn dechrau eu *ballet* dywyll.
Dim perygl –
        Er iti farw –
            gael gafael ar docyn,
I ymadael â'r dref ddu a elwir NA.

Ond yn y dref a elwir OES, mae bywyd fel cân bronfraith.
Mae'r dref hon heb furiau, mae hi ar lun nyth.
Pob seren yn barod i ddisgyn i'th ddwylo o'r nefoedd.
Pob gwefus yn dyheu am dy wefusau di heb gywilydd,
Yn sibrwd-o'r braidd y'u clywir-: A! ffolineb yw popeth.'
A chan frefu, mae'r gwartheg yn cynnig eu llaeth,
Ac nid oes ôl drwgdybiaeth ar neb,
Ac i unrhyw fan y mynni fynd, mewn chwinciad
Fe â trenau, awyrennau a llongau â thi;
a than chwyrnu, fel y blynyddoedd, mae'r dŵr yn sisial:
'Oes-oes-oes . . . oes-oes-oes . . . oes-oes-oes . . .'
Ond i ddweud y gwir mae dyn yn danto weithiau
Fod cymaint yn cael ei roi imi bron heb lafur
Yn y dref liwgar, flodeuog a elwir OES.

Gwell imi ruthro hyd ddiwedd fy oes
Rhwng y dref a elwir Na
       a'r dref a elwir OES!
Gad i'm nerfau ymestyn
       fel gwifrau da
Rhwng y dref a elwir OES
       A'r dref a elwir NA.

(Cyf. Gwyn Thomas/Gareth Jones)

1975 oedd blwyddyn y cyfarfod hwnnw yng Nghaerdydd, blwyddyn marw un o gyfansoddwyr pwysicaf Rwsia yn y ganrif hon, Shostakovitch. Yn y sgwrs, fe soniodd Yevgeny am eu cyfeillgarwch agos. Digwydd bod efo'i gilydd yn fuan ar ôl cyfansoddi dau o weithiau'r cerddor. Un ohonyn nhw wedi ei ysbrydoli gan Stenka Rasin, arweinydd y Cossacks yng ngwrthryfel canol yr ail ganrif ar bymtheg. Cafodd ei boenydio a'i ddienyddio ym Moscow yn 1671. A'r cyfansoddiad arall, y Drydedd Simffoni ar ddeg, wedi ei seilio ar waith y bardd. Yn ystod eu cyfarfyddiad, gofynnodd Shostakovitch am eiriau ar y thema 'Poenau Cydwybod'. Fe luniwyd y geiriau ond ni ddaeth y miwsig. Er hynny, yn ôl Yevtushenko, roedd ei simffoni olaf, y Bedwaredd ar ddeg, yn ymdrin ag angau a chydwybod – dyn yn gorfod marw a'i gydwybod yn ei boeni. Ac yn gofyn, cyn diflannu am byth oddiar wyneb y ddaear, faint oedd o wedi ei gyflawni? Cwestiwn sydd hefyd yn codi trachefn a thrachefn yng ngherddi'r bardd.

POENAU CYDWYBOD

(i D. Shostakovitch)

'Rym ni'n byw heb boeni am farw.
Aeth Cywilydd fel alltud ar ffo,
Ond fel rhyw Fadonna guddiedig
Mae Cydwybod yn stond ymhob tro.

Â'i phlant a'i hwyrion yn crwydro
Fel trempyn y sach a'r ffon,
dan benyd, dan boenau cydwybod
fel hunllef drwy'r ddaear hon.

Teithio o libart i lidiart
ac o ddrws i ddrws oedd eu rhawd;
A Duw, fel hen gerddi Rwsia,
yn drwm ar hen ddyri'r tlawd.

Onid hwn gyda'u cri annaearol
a fu'n crafu eu marciau cras
ar ffenestri culion y bobol
a dyrnu ar ddrysau'r plas?

Onid y nhw drwy storom o eira
Yrrodd Pwshkin ar droica i'r nos,
Dostoevski i gell ei garchar
A sibrwd wrth Tolstoy: Dos?

Mae'r dienyddiwr wedi hen ddeall y rebel:
'Cydwybod yw ei hanfod erioed.
Mae ei bangfeydd yn beryglus!
Rhaid ei ddileu yn ddi-oed'.

80

Ond fel cnul y gloch gyda'i rhybudd,
Sy'n dod yn ei thro, i bob dyn,
Aeth poenau'r gydwybod honno
I fêr y dienyddiwr ei hun.

Ac er fod ceidwaid cyfiawnder
ers oesoedd yn llwgr eu byd,
a heb wybod beth yw ystyr cydwybod
mae nhw'n gwybod am ei boenau o hyd.

'Does neb trwy'r holl fyd yn ddibechod,
ond os clywir eto y llais
sy'n gofyn y cwestiwn BETH WNES I?
mae 'na ateb i'n tristwch a'n trais.

Ni chredaf yng ngeiriau'r proffwydi
sy'n sôn am y seithfed Nef,
Ond rwy'n credu yn y BE' WNEWCH CHI?
ac yn y BE WNAWN NI? gref.

Ar ymylon ein gwacter ystyr
Cusanaf eich dwylo du,
Boenau cydwybod a'ch gwewyr,
Chi yw fy unig ffydd.

(Cyf. Gwyn Erfyl/Gareth Jones)

Ewscadi, bro'r Basgiaid, 1980

Ymhob gwlad 'ma na storïau nad yw'r ymwelydd yn eu clywed a golygfeydd nad yw yn eu gweld. Nid yw'n fyddar nac yn ddall, ond ni thiwniwyd ei glust i mewn i donfeddi amrywiol (ac allweddol) ei gefndir dieithr. Ni wêl ei lygaid ond estyniad o'r cyfarwydd.

O ymweld â'r swyddfeydd i dwristiaid ac yn eu llenyddiaeth, fe gaiff yr hyn mae nhw'n dybio sydd yn debyg o apelio ato. Yn y stryd fe fydd selsig, sglodion, cig moch ac ŵy. Bydd tafarn. Bydd cwrw. Ni fydd rhaid iddo brofi o win neu wirod y wlad na mentro'i stumog i brofiadau gastronomig gwahanol!

Yn rhy aml o lawer, mi fydd y brodorion yn mynd allan o'u ffordd i brofi eu normalrwydd gan siarad iaith y bobl ddŵad ac addasu eu dawnsfeydd a'u caneuon i gydymffurfio â gofynion 'y byd newydd'.

Wrth edrych yn ôl heddiw ar y daith o Gymru i Ewscadi yn 1980, mae'r cwestiwn o bersbectif ac o ddehongli wedi magu arwyddocâd arbennig. 'Roeddwn i wedi treulio'r chwe degau a'r saith degau o fewn cyfundrefnau teledu TWW a HTV – yn fwyaf penodol ym myd newyddion, cyfweliadau, trafodaethau. Llawer ohonyn' nhw yn ymwneud â materion cyfoes. Cafwyd mwy nag un cyfle hefyd i grwydro i wledydd eraill.

Yng Nghymru, fel yn yr Alban, datganoli a hunanlywodraeth oedd yn llywodraethu llawer o'n siarad. 'Roeddwn i hefyd wedi bod yn olygydd *Barn* rhwng 1975 a 1979. Cyn hynny bu Alwyn D. Rees gyda'i feddwl miniog a'i angerdd tawel yn chwipio'r taeog a'r Dic-Siôn-Dafyddion ac yn rhoi hyder newydd a hygrededd deallusol i ddyheadau'r cenedlaetholwyr. Darfu'r cyfraniad pwysig hwnnw gyda'i farw, ond bu tudalennau *Barn*, fel gweddill y byd newyddiadurol yng Nghymru, yn ferw gwyllt trwy weddill y degawd.

Yna yn 1979, y refferendwm. Derbyn Senedd o ychydig yn yr Alban a'i gwrthod o fwyafrif llethol yng Nghymru. Mae bonllef yr unoliaethwyr a hunllef y cenedlaetholwyr efo ni o hyd.

Tybed ai'r un oedd stori Ewscadi? A oedd ei esblygiad yn wahanol? A oedd iddi hi hefyd ei rhaniadau mewnol? A oedd Madrid a Llundain yn chwarae'r un gêm? Beth, tybed, oedd yn cynnal dyheadau cenedlaethol Cymru ac Ewscadi?

Lle da i gychwyn ein pererindod oedd ger Guernica.

Yn 1916 'roedd criw o fechgyn yn chwarae ac yn dod ar draws ceg ogof Santamine. Mae digon o dystiolaeth hanesyddol dros gredu fod disgynyddion y Basgiaid heddiw yn byw yn yr ogof yma bymtheng mil o flynyddoedd yn ôl. Gwaith poenus a pheryglus oedd cludo'r offer i lawr i berfeddion y ddaear a chael digon o olau i weld ac i ffilmio rhyfeddodau'r graig. Yno 'roedden nhw wedi crafu lluniau o'r ych gwyllt, y tarw, yr arth a'r stalwyn - pob darlun yn cyfuno greddf yr heliwr, bygythiad y cryf a grym ffrwythlondeb. Yn y man mi fyddai'r artistiaid cyntefig hyn yn gadael eu hogof am olau dydd. Heddiw, mae'r stalagmeit a'r stalagteit yn araf ddileu'r stori o wyneb y graig a'r bygythiad a'r portread hefyd yn cael ffurf wahanol iawn. Ond yr hen ysfa i oroesi ac i adrodd stori'r llwyth yn aros.

Mae nhw yma o hyd, mewn pedair talaith yng ngogledd Sbaen a thair dros y ffin yn Ffrainc. Ym mlwyddyn ein hymweliad ni â'r wlad, rhyw chwarter o'r boblogaeth oedd yn siarad yr iaith a'i chadarnle yn nhalaith Guipuzcoa ar arfordir y gogledd (45% o'r saith can mil).

Damcaniaethu mewn haenau o ddirgelwch yw hanes unrhyw un sy'n chwilio i mewn i darddiad llwyth ac iaith. Felly yma yn Ewscadi. Ni chafodd cymoedd anghysbell y Pyrenees, lle'r oedden nhw yn trigo ers cyn co', mo'i gorchfygu gan na Rhufeiniwr na Moor. Y nhw, medd rhai, yw'r Iberiaid gwreiddiol – beth bynnag a olygir wrth hynny. Dyma'r gweddill anorchfygadwy! Un ffordd o'u diffinio yw nodi yr hyn nad ydynt. Nid yw eu hiaith yn perthyn i un o'r ieithoedd Ewropeaidd, mae'n hŷn na'r Groeg a'r Lladin a'i hacenion yn ei chysylltu â Tibet neu'r Cawcasus. Nid yw eu gwaed, yn ôl gwyddonwyr, yn debyg i'r un o'u cymdogion. Cyn bod yr Aryan, yr oedden' nhw. Dyma'r unigrywiaeth sy'n wfftio pob categoreiddio ac yn chwalu canllawiau pob gwyddor! A dyna agor drws dychymyg i'r chwedlonol a'r arwrol – profiad cwbl gyfarwydd i ni yng Nghymru!

Ond . . . fe ddaearwyd eu stori gan ganrifoedd o wrthod plygu ac ymdoddi, gan gyfuniad o gyfrwystra pragmatig ac o ddyfnderoedd digyfaddawd. Pan ddaeth hi yn fater o ddewis darluniau, defodau, cyfweliadau ac atgofion i ddod yn ôl gyda ni, 'roedd y cyfan yn boenus o ddiriaethol – yn gig a gwaed.

*   *   *   *

Derwen Guernica

Y dyddiad – 26ain Ebrill, 1937

Dros ddeugain mlynedd yn ddiweddarach, cael sgwrs efo dau yn cofio chwalu Guernica:

'Dydd Llun oedd hi – diwrnod marchnad. 'Roedd mam wedi mynd yno. 'Roedd ganddon ni yrr o eifr yn y fferm. Tua thri o'r gloch y pnawn, dyna ni'n mynd allan i'r coed a'r geifr yn ein dilyn. Yn yr awyr uwchben, ton ar ôl ton o awyrennau . . . y swn i fyny fan'cw a swn y ffrwydro yn Guernica wedi'n dychryn a'n chwalu. Cuddio gorau medre ni yn y coed rhag ofn i'r awyrennau luchio'u llwythi arno ni . . . treulio rhyw dair awr a dod allan i'r ffordd. Mynd adref yn fuan wedyn a gweld mam yn crïo. Wythnos wedyn, mentro i Guernica. 'Roedd hi'n dal ar dân'.

"Roeddwn i'n gweithio mewn ffatri. Ar ôl y don gynta, mynd i eglwys y Santes Fair. Fe ddaeth yr ail don. Mi ddwedodd rhywun wrthon ni am aros yno am fod yr eglwys yn saff, ond meddwn i – 'rhaid mynd i dir uwch'. Roedd coed a chyrff yn cael eu hyrddio i bob man. Mynd i chwilio am fy nheulu. Dod o hyd i rai. Dim sôn am y lleill. Cyrraedd yr ysbyty. Merched i gyd a'u rhieni'n gelain. 'Falle bod yr awyrennau'n meddwl mai milwyr oedd yno. Dim ond rhyw bedwar tŷ oedd yn sefyll: 'roedd y bomiau tân wedi difetha'r lleill. Diwrnod marchnad oedd hi.'

Fel yna y daeth yr Almaen (fel yr Eidal) i roi help llaw i'r Cadfridog Franco yn ei frwydr yn erbyn y gweriniaethwyr. Tref fechan o saith mil o drigolion oedd Guernica – yn ddiymadferth o dan foliau llwythog yr Heinkels a'r Junkers. Lladdwyd mil. Chwalwyd y dref. Ond mewn gwlad lle mae hen draddodiad o weld y wyrth yn yr argyfyngau dyfnaf ac atgyfodiad ymhob bedd, 'roedd un adeilad ac un goeden wedi goroesi'r bomiau a'r tân.

Un ohonyn' nhw oedd y CASA DE JUNTA – hen senedd-dŷ y Basgiaid, sydd bellach yn amgueddfa ac yn llyfrgell. Yma er yr Oesoedd Canol fe fu brenhinoedd a breninesau Castîl yn dod i dyngu llw y bydden' nhw yn parchu hawliau'r Basgiaid.

Yma hefyd mae ysgerbwd hen dderwen sy'n fil o flynyddoedd oed yn cael ei gwarchod mewn ffrâm o ddur o dan gromen yng nghysgod y senedd-dŷ. Relic ac eicon sy'n greithiau ac yn gylymau i gyd. Fe ddeuai arglwyddi Biscai ati gan addunedu i barchu'r breintiau lleol.

Bellach, fe dyf derwen newydd yn yr ardd – hedyn o'r hen. O sefyll o flaen y totem hwn, 'roedd cario rhyw gymaint o ragdybiau a geiriau fy mhobl innau efo mi yn anochel – yn benodol linellau o *Cerddi Cywilydd*, Gerallt Lloyd Owen:

'Y mae'r goeden eleni
Yn hen, ond derwen yw hi.
Hen dderwen a'i changhennau
Yn un cylch amdani'n cau.
Ochr y waun oedd ei chrud
A thyfodd yn noeth hefyd,
Nodd gafodd mewn gaeafwynt,
Egni a gadd gan y gwynt.
Nid clydwch ond caledi
A greodd ddur ei gwraidd hi.
A enir yn yr anial
A dyf trwy ymdrech yn dal'.

Ac wrth fynd ati i lunio rhaglen 'roedd rhywun yn cario cynllun yn ei ben ac wedi nodi ymlaen llaw lecynnau a chymeriadau a fyddai'n rhan o'r stori. Yn Ewscadi, fe fu tri chyfarfod oedd yn hollol annisgwyl a heb fod yn rhan o unrhyw gynllun.

Dyna'r pnawn hwnnw i fyny yn y mynyddoedd uwchben Elorio heb fod nepell o Bilbao. Yr achlysur – cofio brwydr a ymladdwyd yn 1936-7 yn erbyn lluoedd Franco. Fe enillwyd y frwydr honno, eu teuluoedd a'u ffrindiau wedi dod i ddathlu yn y goedwig, i weddïo yn yr eglwys fach ac i ddadorchuddio cofeb i'r tri chant a laddwyd.

'Roedd yno feirdd i dalu gwrogaeth:

'Hir oes, Ewscadi . . . hir oes i'r hen ryfelwyr
Mi fydd eich gwroldeb yn rhan o'n cân
am byth . . .'

Un arall yn sôn am yr ochr arall, dilynwyr Franco a'r Cwislingiaid:

'Yn dod gyda'u drylliau mewn un llaw
a'r Beibl yn y llall –
fel Phariseaid'

Yna'r anerchiadau. Joseba Ilosegui, y *commandant,* yn troi at hanes am arweiniad ac ysbrydoliaeth, hanes wedi ei olchi â dagrau a pherygl difodiant wedi creu y dyrnaid dur. Gweld y tu hwnt i'r mynyddoedd olau rhyddid a gwawr newydd. Y *commandant* hwn a addunedodd ar ôl cario plentyn bach marw o fflamau Guernica y byddai'n ei luchio ei hunan yn gorff o dân o flaen y Cadfridog Franco.

Yna'r maniffesto gwleidyddol gan Arzalluz, arweinydd y PNV (eu Plaid Genedlaethol 'swyddogol') – yr angen am Senedd i ddiogelu personoliaeth Ewscadi, a'i ffydd a'i hyder y byddai Ewscadi BYW.

86

'Yn enw'r canrifoedd, yn enw'n hynafiaid, gofynnwn am yr hawl i fyw ac i ddilyn ein gwerthoedd. Hir Oes, Ewscadi'.

Areithio. Clapio. Barddoni.

A chanu. Ond y canu rhyfeddaf (os canu hefyd) a glywais i erioed. Lleisiau'r merched yn creu sŵn wylofain annaearol heb unrhyw felodi na chordiau – dim ond cwafrio dolefus, crynedig, ar nodau uchaf y llais – rhyw fath o udo dynol y tu hwnt i eiriau, igian wedi ei hanner fygu gan ddagrau.

Heb fod nepell o'r mynydd yr oedd carreg fedd seml a godwyd gan yr ardalwyr i gofio am fachgen un ar bymtheg oed a saethwyd gan y Gwarchodlu Cudd. Arni y geiriau FYDD Y TEULU DDIM YN ANGHOFIO.

Am resymau digon amlwg, 'roedd ein cysylltiadau ni ymysg y Basgiaid yn perthyn i'r cenedlaetholwyr cymedrol, cyfansoddiadol. Eto, brwydr rhwng Madrid a'r adain filwriaethus, ETA, oedd yn hawlio'r llythrennau bras yn y wasg a'r sgrîn deledu. Bob dydd, mi fyddai rhywun o'i naill ochr neu'r llall wedi ei saethu neu ei chwalu gan fom. O blith byddin ETA, 'roedd un enw wedi bod yn bwnc sibrwd ac wedi magu rhyw awra o arswyd ac o barchedig ofn. Ei enw: Mario Onaindia. Yn 1968 saethwyd Pennaeth y Polis, Menzenas. Yn 1973, chwythwyd modur dirprwy bennaeth Franco, Carera Blanca, gan troedfedd i'r awyr. Cysylltwyd marwolaeth y ddau ag enw Onaindia. Fe'i restiwyd a bu'r prawf yn Burgos.

Ar ôl clywed ei fod ar gael yn Vitoria, dyna fynd ati i drefnu cyfarfod yn y dref lwydaidd honno. Ein cael ein hunain yn aros amdano mewn swyddfa'n llawn posteri a phapurau heb fawr ddim dodrefn. 'Roedd y munudau cyntaf yn rhai anesmwyth iddo ef a ninnau ond fe'm daliwyd i ar unwaith gan ei ymddangosiad cawraidd, tywyll, barfog, yn ogystal â'i bersonoliaeth hunanfeddiannol a thawel. Ond unwaith y dechreuodd siarad, fe wyddwn fy mod i yng nghwmni gŵr digyfaddawd.

Gofyn iddo i ddechrau beth yn hollol oedd y trosedd a'r gosb.

'Fe ges fy nedfrydu i farwolaeth yn Burgos ac yna fe'i newidiwyd i garchar o ddeugain mlynedd. 'Doedd y cyhuddiad ddim yn un clir ac ar ôl marw Franco fe roddwyd bai ar fudiad cudd y Basgiaid. Fe fu'r weithred fwyaf trawiadol yn San Sebastian pan laddwyd arteithiwr o blismon o'r enw Menzanes. Ein mudiad ni oedd yn gyfrifol am ei farw. Ond ni lwyddwyd i ddal y rhai a fu'n gyfrifol am ei farw. Felly, dyma restio nifer o'r Basgiaid oedd ar lyfrau'r heddlu. Yn y diwedd, fe drodd

Rali yn Ewscadi

y prawf yn brawf nid ar y Basgiaid ond ar lywodraeth Franco. A hynny gerbron y byd i gyd. Ym Murgos y dyddiau hynny y ganwyd mudiad cudd sosialaidd Ewscadi.'

A'i ymateb i'r ddedfryd?

' 'Does neb yn hoffi marw. 'Roedd y ddedfryd yn un galed – chwe dedfryd o farwolaeth gan y Twrnai Cyffredinol a thair ohonyn' nhw yn ddedfryd ddwbl. Hyn yn golygu fod tri ohonon' ni yn sicr o gael eu rhoi i farwolaeth. Ond i ni sy'n caru'n gwlad, dyma'r union ffordd i farw. 'Roedden ni'n credu hyn am fod ein pobol ni efo ni – nid yn unig y Basgiaid ond hefyd nifer mawr o bobl flaengar yn Sbaen ac Ewrop. 'Dyw marw byth yn fater diddan. Ein prif nôd oedd marw fel ymladdwyr ac fel gwrthryfelwyr.'

'Roedd Onaindia'r terfysgwr bellach yn aelod seneddol o lywodraeth daleithiol Ewscadi. A oedd o'n dal i gredu mewn dulliau treisiol ac anghyfansoddiadol?

'Ryden ni'n credu fod gan bob gwlad dan orthrwm yr hawl i ddefnyddio grym i gael gwared o'r ormes sydd arni – a'i fod yn ddull effeithiol. Mae'n beirniadaeth o grwpiau treisiol yn un gwleidyddol yn hytrach na moesol. Dros y canrifoedd, nid sefydliad gwleidyddol oedd Ewscadi ond un diwylliannol. Wrth symud i fod yn wladwriaeth, hwyrach ei bod yn angenrheidiol defnyddio grym. Ond dylai'r grym hwnnw ddilyn y prosesau gwleidyddol. Cael manteision gwleidyddol i ddechrau a defnyddio grym – os oes rhaid – i gadarnhau'r manteision hynny. Ond 'ryden ni hefyd yn argyhoeddedig nad y grwpiau bychain arfog fydd yn dod â rhyddid i wlad y Basg.'

A'r cwestiwn olaf: A oedd o'n credu fod defnyddio grym ym mynd i wneud gwaith y llywodraeth newydd yn fwy anodd a rhoi esgus i Madrid i fod yn fwy ffyrnig fyth?

'Bydd y terfysg yn parhau nes y byddwn ni wedi rhyddhau'r carcharorion ac wedi setlo dyfodol tiriogaeth Navarre – a fedrai fod yn Ulster arall.

'Dyw Madrid erioed wedi bod angen esgus dros beidio â throsglwyddo'r awennau i'n dwylo ni. Mae llawer iawn o'r Basgiaid yn gwbl argyhoeddedig mai parodrwydd i ddefnyddio dulliau trais yw'r unig iaith y mae Madrid yn ei deall. Mae profiadau'r blynyddoedd d'wetha' yn profi hynny'.

Dyna'r gwleidydd yn siarad. Dyna hefyd ei gyfiawnhad dros fod yn seneddwr ac yn derfysgwr. Wrth ei wylio a cheisio gofyn y cwestiwn,

'Pwy yw hwn?', 'fedrwn i lai na meddwl am elfen arall sy'n rhan bwysig iawn o adloniant y bobl gymhleth yma.

Fe gawsom wahoddiad breintiedig i noson yn y Clwb Gastronomig yn Donostia (San Sebastian). Dim ond dynion sydd yn aelodau. Mae'n wir fod menywod yn golchi llestri a glanhau, ond ni chaent fynd yn agos at y paratoi na'r coginio. Fe ddaw pob un o'r gwŷr â'i becyn o fwyd gyda o ac o'r gegin llenwir y byrddau â'r seigiau mwyaf dyfeisgar. I ni'r criw bach o ymwelwyr o Gymru a fagwyd ac a besgwyd gan gegin mamau a gwragedd, 'roedd y weledigaeth etholedig a gwrywaidd yma yn dipyn o sioc! Ac nid dynion bach dandi oedden' nhw ond fframiau gwrywaidd mewn ffedog! A byd lle'r oedd y fenyw yn forwyn fach.

Nid nad oedd gan y gwragedd hefyd eu tŷ croeso – y Basoki. 'Roedd sawr Merched y Wawr ar hwnnw! Yno, gallai unrhyw un droi i mewn am bryd o fwyd plaen a blasus mewn awyrgylch llawer llai ffurfiol.

'Welais i erioed 'chwaith fwy o bwyslais ar gryfder corff. Mae angen nerth bôn braich wrth chwarae *Pelota* – fersiwn Fasgaidd o sboncen ond ei bod yn llawer cyflymach. Mae'r bêl yn galed ac fe'i chwareir efo cledr llaw, efo'r bat (y *Pala*) neu'r gawell o wellt, y *Chistera*. 'Roedd y bêl yn symud yn rhy gyflym hyd yn oed i'r camera ei dilyn. Yma eto, fe geir yr un ymarweddu cyhyrog, yr un balchder yn y symud, yr un gorfoledd mewn buddugoliaeth.

Rhaid oedd mynd hefyd i ddwy ornest arall – ymryson torri coed a chodi pwysau. Yn y naill, gosod dwy res o foncyffion trwchus a'r gamp oedd hollti'r cyfan ddwywaith. Pan fyddai crac a rhwyg yn y boncyff olaf, fe ddeuai hysteria o sgrechfeydd o blith y merched yn bennaf – maes llafur gogleisiol i'r seicolegydd Ffreudaidd!

Fe gafwyd yr un ymollwng pan lwyddodd gŵr ifanc un ar hugain oed, mab i gigydd, i dorri record ei wlad trwy godi bron i chwe chan pwys.

Ymhob un o'r campau yma, fel yng nghwmni'r hen filwyr ar y mynydd, ceid cyfarchion gan y beirdd i ategu'r gorfoledd a gornest yr Atlas ifanc.

'Fedrwn i lai na theimlo fod yr un wythïen, rywsut, yn cydio'r gornestau hyn wrth yr ymgyrch â'r ergyd a'r bom – hen bendefigaeth gyntefig y pridd yn harneisio'i nerth a'i chyfrwystra, – beth bynnag fyddai'r targed.

*   *   *   *

'Doeddwn i ddim, – a fedra i ddim – perthyn i genedlaetholdeb brafado a'r bom. Gydag ychydig o eithriadau, cefnodd Cymru hefyd ar ffordd Onaindia a'i gymrodyr. Ond nes i mi fynd i'w wlad, 'doedd gen i ddim syniad gwir am faint y dioddefaint. Fe gaem yr ystadegau – ar y naill ochr a'r llall. Ar y sgrîn, fe welem ddifrod y bom, corff plismon neu fyfyriwr. Ac mi 'roedd y sgôr yn swnio'n weddol gyfartal. Ar ambell aelwyd gyda'r nos, ac yng nghwmni pobl gywir oedd yn gwybod hefyd nad llyncwr propaganda oeddwn i, daeth y darlun cyflawn a maint yr arteithio o du Madrid a Franco yn glir. Heb amheuaeth, 'roedd yno bolisi o boenydio di-dor a systematig, o garcharu heb brawf na thystiolaeth ac o'u cadw dan glo am flynyddoedd. 'Roedd cân a geiriau protest yn cael eu hateb gan fwledi. A dangos eich lliw gwleidyddol yn beryg' bywyd.

Yn gymysg â'r blodau yn y gwanwyn hwnnw yn 1980, fe welech ar fin y ffyrdd flodau eraill wedi gwywo neu'n dragwyddol-blastig – blodau o gwmpas croes fach, blaen. Enw, dyddiad geni a marw. Llawer iawn ohonyn' nhw yn rhy ifanc o lawer ond wedi digwydd bod yno ar adeg anghyfleus.

'Dyw'r gormeswr fyth yn deall y geiriau 'DIGON YW DIGON' yng ngenau'r gorthrymedig. Ond mae o'n disgwyl i'r byd eu deall pan ddôn nhw allan o'i enau o.

Y tyndra cyfarwydd yna rhwng y bleidlais a'r bwledi, a rhwng gofynion y canol a'r cyrion, sy'n egluro ystadegau'r refferendwm a phatrwm y pleidleisio. Pan ddaeth yn fater o ddewis cynrychiolwyr i'r Senedd newydd, y Blaid Genedlaethol gyfansoddiadol, y PNV, oedd ar y blaen efo pum sedd ar hugain. Cafodd y ddwy blaid 'eithafol' gyda'u cysylltiad â'r adain filwrol ETA chwe sedd yr un – HB (adain genedlaethol) a EE (parti comiwnyddol y Basgiaid, a pharti Onaindia). Chwe sedd hefyd a enillwyd gan blaid y canol Sbaenaidd, yr UCD, a naw i Blaid Sosialaidd Sbaen.

Machlud y partïon canolog fu hi, a'r frwydr bellach yn un fewnol rhwng y cyfansoddiadol a'r chwyldroadol.

'Roedd y cysylltiad rhwng ETA a'r ddwy blaid chwyldroadol yn un amlwg ac yn cael ei gydnabod yn agored. 'Roedd safbwynt aelodau o'r PNV yn fwy cymhleth ac amwys. Yn gyhoeddus, ac yn eu llenyddiaeth, mynnent bwysleisio eu hymrwymiad i'r dulliau cyfansoddiadol fel yr unig ffordd o ddod â'r pwer gwleidyddol yn ôl i'w gwlad. Yn breifat, teimlwn ryw gymaint o amharodrwydd i gondemnio terfysgaeth. Ystyriaethau pragmatig, yr angen am gynnal

91

trafodaethau adeiladol efo Madrid, yn hytrach nag unrhyw gondemniad moesol ac absoliwt, oedd y tu ôl i'r strategaeth. Bron na theimlwn efo ambell un eu bod yn cydnabod, yn dawel bach, yr angen am gyhyrau cryf yn ogystal â'r gonsensws gysurus.

Damwain ragluniaethol (os nad yw hynny'n baradocs!) oedd i ni fod yn Bilbao ar y diwrnod gwlyb hwnnw o Ebrill 1980 – diwrnod sefydlu Senedd y Basgiaid. Gŵr pump a deugain oed, yn wreiddiol o Pamplona, yn nhalaith Navarre, oedd yr Arlywydd newydd – Carlos Garaiokoixea, cyfreithiwr, ac o gefndir diwydiannol. 'Roedd ei dalaith enedigol wedi gwrthod ymuno â'r llywodraeth newydd.

Er yr holl gynnwrf a rhuthr y dorf a gwŷr y wasg, ac er nad oedd wedi cael unrhyw rybudd o'n presenoldeb, fe gefais sgwrs fer. Dan amodau felly 'doedd rhywun ddim yn disgwyl unrhyw ddatganiad neu ddadansoddiad. Soniodd, yn ei iaith ei hun, am ei deimladau o falchder ac o gyfrifoldeb, gan bwysleisio'r angen am ddod â heddwch a sefydlogrwydd i Ewscadi ac am broblemau economaidd ei wlad. 'Roedd o hefyd yn barod i gyfaddef fod Madrid yn dal yn gyndyn iawn i dderbyn unrhyw ddatganoli sylweddol, ond yn gobeithio y byddai'n llai ystyfnig a gormesol nag yn y gorffennol.

'Roeddwn i yno! A minnau wedi byw trwy'r saith degau dadrithiedig. Ond atgof arall o ddiwedd y chwe degau yng Nghymru a gydiodd orymdaith wleidyddol y Basgiaid wrth dynged fy ngwlad i fy hun. Sefyll ar falconi ar sgwâr Caerfyrddin a'r meic yn fy llaw a gofyn i un arall sut yr oedd o'n teimlo ar ddechrau'r bererindod a hawliodd ei fywyd i gyd. 'Roedd i Garaiokoixea a Gwynfor gefndir cyffredin, yr un breuddwyd, a'r un boneddigeiddrwydd tawel, cadarn.

Y Barwn a'i Bobl

Ymhlith y dyrfa fawr a ddaeth i weld y gêm rygbi rhwng Cymru a Ffrainc yng Nghaerdydd ddechrau'r wyth degau, yr oedd gŵr a fyddai'n llawer rhy fyr i weld fawr ohoni oni bai fod ganddo sêt efo'r etholedigion! Cerddai gyda'r bywiogrwydd hunanhyderus hwnnw sydd i'w gael yn aml mewn pobl o'i faintioli. Ffrangeg oedd ei iaith gyntaf – er fod ei Eidaleg yn rhugl, a chrap ar Saesneg, Almaeneg, Swedeg a iaith ynys Corsica. Cerddodd i mewn i Barc yr Arfau yn hanner wisgo a hanner chwifio dwy faner – y Ddraig Goch a baner Corsica. Fe gyrhaeddodd ar awyren *Air France* a hynny'n ddigon naturiol, gan ei fod yn un o'i phrif swyddogion. Ond wedi dod i gefnogi Cymru yr oedd o – hynny'n egluro'r ddwy faner (er fod Corsica o dan lywodraeth Ffrainc).

Y Barwn Pierre Moroni oedd yr ymwelydd hwnnw, o ynys Corsica ynghanol Môr y Canoldir a chan milltir o arfordir De Ffrainc. 'Roeddwn i wedi ei gyfarfod flwyddyn ynghynt wrth geisio cyfleu rhyw gymaint o hanes a chymeriad yr ynys ar ffilm. Un o blant yr ynys oedd o, a'r gwahanol haenau yn ei hanes yn ei wneud yn dywysydd da a diogel – ei gyfenw yn dweud ei fod yn dod yn wreiddiol o Milan a'r teulu hwnnw yn mynd yn ôl i'r Oesoedd Canol. Bu ei hen hen daid yn Gadfridog i un arall o blant yr ynys, Napoleon Bonaparte, – ymherawdr Ffrainc a Brenin yr Eidal yn nechrau'r bedwaredd ganrif ar bymtheg. Neilltuwyd un ystafell o'i gartref i fyny yn y mynydd-dir coediog fel amgueddfa o gleddyfau, medalau, llythyrau a chyfarwyddiadau'r hen hen daid. Ac fe gawsom, fel criw, lety cofiadwy ac oer yn ei Chateaux. (Roedd ei wraig o Sweden yn byw ar lan y môr am na fedrai ddygymod ag unigeddau'r mynyddoedd – neu, o leiaf, dyna'r esboniad a roddwyd i ni am ei habsenoldeb!).

Y Barwn hwn oedd dirprwy-bennaeth *Air France* ar yr ynys. Yr oedd hefyd yn genedlaetholwr, gan ddod i Gaerdydd yn enw Corsica a Chymru! Mae'n anodd meddwl am well ateb i'r bobl hynny sy'n dal i uniaethu pob cenedlaetholdeb efo'r unllygeidiol a'r plwyfol. Mae'r Barwn, fel Saunders Lewis, bellach yn ei fedd. Ac er na fyddai'r ddau ddim yn debyg o fynychu Parc yr Arfau efo'i gilydd, mi roddwn i lawer am gael rhannu potel o win dethol efo'r ddau yng ngwesty'r *Angel* gerllaw!

Yn ôl ar ynys Corsica, fe'm cyflwynwyd i ddirgelion a defodau gwahanol iawn. 'Roedd gan y Barwn ffrind a'i henw Ffelise – gwrach wen. Mewn cymdeithas sydd yn arddel Pabyddiaeth fel ei chrefydd swyddogol, fe'm cyflwynwyd i ddefod ac i fyd a oedd yn hŷn ac yn fwy sinistr o lawer. Eistedd o gwmpas bwrdd bach yn nhŷ'r wrach. Arno 'roedd dysglaid o ddŵr a lamp olew. Pwrpas y ddefod arbennig yma oedd ceisio darganfod natur y clefyd – ac fe fyddai rhyw ddilledyn o eiddo'r claf o dan y ddysgl. Byddai gweddi yn cael ei hoffrymu a honno i fod i leddfu neu iacháu'r clefyd. Wrth weddïo, mae'r wrach yn gollwng un diferyn o olew i'r ddysgl. Os yw'n diflannu ac yn toddi yn y dŵr, mae hynny'n arwydd o ddŵr anfad yn y corff. Bydd cyfle arall i'r gweddïwr dorri'r felltith. O fethu, rhoir cyfle i weddi arall. Os yw'r diferyn yn aros yn gyfan ar wyneb y dŵr, salwch meddygol, syml, sydd yma ac nid effaith melltith.

A dyna fy nghyflwyniad cyntaf i ddirgelion arswydus y *Mazzeru* – byd y gwrachod sy'n crwydro rhwng deufyd y byw a'r marw gyda'r gallu i ragfynegi marwolaeth gan weld yr enaid yn gadael y corff. Fe roddwyd iddyn' nhw hefyd y gallu ofnadwy i achosi marwolaeth. Mynnai Ffelise nad oedd yn aelod o'r *Mazzeru* – 'roedden' nhw y tu allan i'r gymdeithas honedig Gristnogol, am na dderbynient y canllawiau cydnabyddedig a oedd yn rhan hanfodol o'u defodau o fedydd, o briodi ac o farw . . .

Ond yr oedd 'Buchedd A' a 'Buchedd B' yr ynys yr un mor ddarostyngedig i ormes a hudlath y tabŵ, y wyrth a'r dirgelwch anesboniadwy. Fel y feirws, gallod yr hen, hen haenau paganaidd oroesi sawl hinsawdd gan newid y label heb newid eu hanfod.

'Roedd hwn yn fyd newydd i mi – dod wyneb yn wyneb â chymdeithas nad oedd modd deall ei chanllawiau moesol na'i hymddygiad gwleidyddol heb fynd i'r afael hefyd â'r grymusterau tywyll oedd yn cronni ac yn cynhyrfu'r llestr a'r olew a'r dŵr. 'Roedd y *Mazzeru* yn gallu melltithio a bwrw allan gythreuliaid, yn lladd ac yn adfywio. Dyma awdurdod dros y byw a'r marw. Yn nwylo'r 'offeiriadaeth' etholedig 'roedd o hefyd yn hawlio ufudd-dod absoliwt am nad oedd modd ei herio na'i amau . . .

Wrth gloddio fel yna i hanes yr ynys, daeth dau air arall yn amlwg iawn, *Vendetta* a *Bandit*. 'Roedd a fynno'r cyntaf ag anrhydedd y teulu ac yn codi o'r cymhellion gorau. Diogelu gwead clòs teulu a chymuned oedd un o'r blaenoriaethau – gwyryfdod merch, ffyddlondeb gŵr a gwraig, parch at eiddo cymydog. Yn hytrach na gadael y cyfan i'r gyfraith, 'roedd cyfiawnder llygad-am-lygad yn cael ei weinyddu gan un o'r teulu. Trwy weithredu fel hyn 'roedd yr ynyswyr yn gallu rheoli eu tynged, a'i pharhad yn annibynnol ar unrhyw gyfundrefnau cyfreithiol o'r tu allan. Daeth ac fe aeth yr Iberiaid, yr Etrwsciaid, y Saraseniaid a'r Rhufeiniaid. Bu teyrnasiad yr Eidal yn faith. Wedyn, Ffrainc. Trwy'r cyfan i gyd, 'roedd tynged cyfiawnder a barn yn nwylo'r brodorion. (Byddai *Mafia* Sisili yn amenio!) Nid mater o ddial hyd at waed a chofleidio atgasedd dros genedlaethau oedd hi ond cael sicrwydd fod trefn yn y deyrnas. Perthyn i deyrnas arall fyddai maddeuant, cymod a thrugaredd. I bobl dan warchae parhaol 'dyw'r grasusau hynny ddim bob amser yn gwarantu goroesiad.

Rhan o'r un gwead yw arwyddocâd y gair *Bandit*. Yma, nid lleidr pen ffordd oedd o ac mae'r cysylltiad rhyngddo a'r *Vendetta* yn ddiddorol. Er mwyn dianc rhag gofynion y dant-am-ddant honno, byddai'r sawl a gyflawnodd y trosedd yn dianc i ddiogelwch y mynyddoedd. Yn nhyllau'r graig a'r coed mi fyddai'n ddiogel. Mi gâi hefyd ymgeledd am oes gan ei deulu a'i gydnabod. Hwn oedd y *bandit d'honneur* – yn aml o dras pendefigaidd ac yn crwydro efo'i gi a'i geffyl a'i wn.

'Roedd ymarweddiad fy ngwesteiwr, y Barwn, gyda holl syberwyd ei dras, ymhell iawn o fyd y *Mazzaru, y bandit* a'r *vendetta*. Byddai'n hapus efo'i wn a'i gi yn hela'r baedd gwyllt ar lethrau Ortiporio. Digon prin y byddai'n rhan o derfysgaeth y fwled a'r bom.

Ac eto . . . er mai chwarter miliwn sydd ar yr ynys a llawer ohonyn' nhw yn bobl ddŵad – y fo, o bawb, a'm cyflwynodd i ethos gymhleth y gymdeithas. Y fo, hefyd, a soniodd gyda balchder am y deffroad ymhlith yr ifainc herfeiddiol ac am y modd y daeth iaith yr ynys, gyda'i chymysgedd o Ffrangeg ac Eidaleg, yn fan cychwyn deffroad llenyddol bywiog ac yn gyfeiliant i gân brotest newydd.

'Synnwn i ddim 'chwaith nad oedd yn gwybod llawer mwy nag a ddywedai am strategaeth y cenedlaetholwyr newydd yn eu brwydr yn erbyn llywodraeth Ffrainc. Mae'r hen *bandit d'honneur* wedi darfod o'r tir ond mae yma 'deulu' i'w warchod ac anrhydedd i'w amddiffyn. Yn ystod ein harhosiad byr ar yr ynys bu mwy nag un ffrwydrad mewn sefydliadau estron a thai haf ar y glannau. Fel cynt, diflannodd y troseddwyr yn ôl i gysgodion coedwig ac i ymgeledd tylwyth.

Cyn ffarwelio â'r ynys, fe gawsom ni noson o wledd a chân yng nghartref y Barwn. Yno 'roedd Marco, pobydd y pentre, wedi paratoi swper. Casglu concars y sycamorwydden, eu cymysgu â blawd, dail arbennig a chaws gafr, ac i mewn â'r cyfan i hen odyn fawr. Yna troi'r cymysgedd i gyd yn bastai ac i mewn i'r ffwrn yng nghegin wledig y plas. A golchi'r *Pizza Corsica* i lawr efo'r gwin coch lleol!

A ninnau'n ymlacio'n braf, dyna sŵn siarad a chanu allan yn y nos. Y drws yn agor a chriw o fechgyn ifainc yn dod i mewn ac yn cael eu cyflwyno fel ffrindiau gwladgarol ein gwesteiwr. 'Roedd y lleisiau'n erwin ac yn fetalig heb ddim o'r cordio melys a'r cryndod gwerinol a berthyn i gymaint o ganu cyffelyb yng Nghymru – grŵp yn llunio'i ganeuon ei hun ac yn perthyn i draddodiad protest y chwedegau oedd yn ceisio rhoi mynegiant i'r dyhead am wreiddiau – nid yn unig ar yr ynys yma ond ar hyd a lled y byd. Er fod y miwsig yn ddieithr iawn i'r glust, 'roedd y geiriau (o'u cyfieithu) yn taro tant. 'Roeddwn i'n ôl unwaith eto yn stiwdio deledu'r chwedegau yng Nghymru, a Dafydd Iwan yn dod â'i wynt yn ei ddwrn a'r geiriau hynny ar fwa ei gitâr yn y man yn mynd yn rhan o guriad calon y Gymru Gymraeg. Tybed sut yn hollol y daeth yr un math o freuddwyd i ganu y Gorsica gyfoes?

'Enw fy mamwlad yw rhyddid
– rhyddid fydd ei henw am byth,
'Dw i wedi dangos i chi, fy mhlant,
ddiwrnod o dristwch ein tlodi a'n gorthrwm
– 'roedd y cadwynau yn rhan o'ch crud.
Ond ryw ddydd fe fydd cydwybod
yn chwalu'r cadwynau ac yn hawlio'r tir
– torrir iau'r gorthrymwr
ac fe fydd pobl dda y byd
unwaith eto yn dod i'w teyrnas.
Enw fy mamwlad yw rhyddid
Rhyddid fydd ei henw am byth'.

'Roedd gŵr y plas a'r bechgyn o'r mynydd-dir ar yr un donfedd. A hawdd iawn oedd ymuno â nhw yn y breuddwyd llesmeiriol o'i gymysgu â'r gwin.

Bore wedyn, edrych allan o'r plas ar dirwedd oesol Ortiporio. 'Doedd fawr neb ar ôl ar y llechweddau bellach – dim ond ychydig bensiynwyr hiraethus yn ffidlan ar y terasau. Do, medden' nhw, mi fu yna amser pan oedd y terasau gwyrdd yn ymestyn ris wrth ris i fyny i'r mynydd-dir. Rhes ar ôl rhes o lysiau a blodau yn cael eu hanwesu.

Castell Corte, Corsica

Heddiw mae'r tapestri yn ymddatod a phwyth ar ôl pwyth yn mynd ar goll yn y gwyllt.

Gwerthu'r tir a'r da a mynd am y glannau. Cychwyn busnes yn y trefi glan môr. Yn y chwe degau, fe fu cryn gynnwrf a theimladau drwg ar yr ynys ar ôl i lywodraeth Ffrainc glirio rhai cannoedd o erwau er mwyn gwneud lle i alltudion o Algeria – canlyniad trychinebus polisi Ffrainc yn y wlad honno. A rhoddodd y *Maquis* persawrus sy'n tyfu ymhob man le i jyngl o goncrit a thai gwyn cyfoethogion y tir mawr. A rhywle draw fan'cw ar lan y môr yr oedd gwraig y barwn yn byw!

'Roedd dau o blant Corsica yn rhan anorfod o'n stori ni ac o brofiad Moroni. Un yn naturiol oedd Napoleon – pennaeth ac arwr ei hen hen daid. Gwelodd hwnnw 'y byd a'i holl ogoniant' ac 'fu ond y dim iddo ei orchfygu. Er hynny, nid yr athrylith milwrol hwnnw oedd yr arwr na'r esiampl i Moroni ond Pasquale a roddodd ryddid i'w wlad am gyfnod byr yn y ddeunawfed ganrif – cyn i Napoleon gychwyn ar ei ymgyrch. Tref Ajaccio, ar lan y môr, oedd cartref Napoleon, a hi heddiw yw canolfan weinyddol yr ynys. I fyny yn y mynyddoedd ac yn sefyll ar glogwyn brawychus o serth mae tref Corte. Yno y sefydlodd Paoli Senedd-dŷ a Phrifysgol. Heddiw, Corte yw'r ganolfan i astudio hanes a diwylliant y wlad. 'Roedd o wedi sylweddoli bod yn rhaid i genedl gyflawn wrth sefydliadau a pheirianwaith addysgol, economaidd a gwleidyddol. Ac mai ar ynys Corsica yn unig y dylen' nhw fod.

Gwelodd un ohonynt deyrnas ei freuddwydion wrth ei draed a'r llall eithaf y ddaear ar y tir mawr. Byr fu teyrnasiad y ddau ac fe'u halltudiwyd.

Y WINLLAN (1982)

Hen erwau y byrddau braint –
heb sôn am Mersault a'r Vosnee Romanée,
y Nuit St George a'r Gevray,
Chablin, Macon,
yr Alexe Corton a'r Chateauneuf du Pape.

I ni'r ymwelwyr, dim ond unffurfiaeth daclus
a'r dwylo cnotiog, gwerinol,
yn anwylo a thrwsio y rhesi gwyrdd.

Yn ein llaw – y llyfryn hwylus, twristaidd,
yn nodi enwau gwinllannoedd
a hen hanes y teulu, y *chateau* a'r llwyth.

Cael ein tywys, toc,
i sipian twyllodrus-doeth y seleri
a golchi seigiau'r hwyr i lawr â rhin y chwe-deg-naw!

Ond stori arall sydd i'r bysedd cynhenid a fu yma erioed,
stori pryder y barrug sydd weithiau'n llygru'r gwreiddyn a phydru'r coed,
Y cesair sy'n curo'r blodyn, yr haul na ddaw yn ei ddydd,
y pryfetyn barus, yr haint, y paraséit a'r feirws cudd.

Stori'r dirgelwch dygn, y bwrlwm sy'n drech na phob braw –
Alcemi yr eiliad pan ddaw'r haul, y gwlith, yr awel a'r glaw,
gaeaf, hydref, haf a gwaedlif y gwanwyn
oll yn eu trefn a'u tro i lawenychu a beichiogi'r grawnwin.

Bydd tocio hen dwf blinedig o ganghennau gwan y gwinwydd
a'r un hen flas yng nghwythiennau pob clwstwr newydd.

Dyna yw amod parhad, dyna yw cadw teyrnas ac ystyr tras –
pob gwinllan a'i hanes unigryw, pob gwinllan â'i henw a'i blas.

Wedyn bydd deall damhegion astrus yr hil,
buchedd y winllan a roddwyd, y moch a'r genhedlaeth chwil,
a pham fod rhyw Naboth gwirion, ar waethaf loteri'r brenin,
yn troi ei waed yn wrtaith
a'r winllan yn deyrnas ddilychwin.

Recordio'r Ddeuawd

Y Tecell yn Berwi

Diwedydd poeth o Hydref, 1982, oedd hi ym mherfeddion y Transvaal, De'r Affrig, a ninnau'n dychwelyd ar ôl diwrnod o ffilmio yng Ngorffwysfa'r Pererin *(Pilgrim's Rest).* 'Roedd y ffordd yn unig a charegog. Arni cerddai dwy ferch ifanc. Stopio'r cerbyd a chynnig lifft. Dwy chwaer ar eu ffordd adref o'u gwaith ac yn dangos cryn ddiddordeb yn ein geriach ffilmio a recordio. Yn y man, dyna nhw'n gofyn inni stopio.'Doedden' ni ddim yn gweld unrhyw arwydd o fywyd nac o dai yn unman. 'Fancw mae'n cartre' ni' gan bwyntio draw dros orwel y mynydd. Cyn ymadael, dyna un ohonyn 'nhw'n gofyn – tybed a fedren' ni recordio sgwrs rhwng y ddwy er mwyn iddyn' nhw glywed eu lleisiau ar dâp am y tro cyntaf erioed. Recordio, gwrando, a giglan swil.

Er mwyn i minnau gael cofnod bach o'r cyfarfyddiad, dyna ofyn iddyn' nhw ganu ychydig linellau i ddod yn ôl efo ni i Gymru. Ar ôl ymgynghori a tharo'r traw priodol fe ddaeth y miwsig.

PAID A'M GADAEL I

'Roedd y geiriau, wrth reswm, yn gwbl annealladwy (ar wahân i ddau air cyntaf y cytgan) ond 'roedd yr alaw yn hen gyfarwydd a minnau wedi ei chanu hi lawer gwaith yn yr Ysgol Sul ac allan o *Sŵn y Jiwbili* (Sankey a Moody/Ieuan Gwyllt). 'Roedd eu clywed yma allan yn unigeddau De Affrig y pnawn hwnnw yn rhoi llafn o ystyr iddyn' nhw na fu erioed yn rhan o'm profiad i wrth eu morio nhw yng nghapel Rehoboth ers talwm:

> 'Paid â'm gadael, dirion Iesu,
> Gwrando lais fy nghri;
> Pan ar eraill 'rwyt yn gwenu,
> Paid â'm gadael i.
>
> Gad i mi o flaen dy orsedd
> Deimlo 'mod i'n rhydd,
> Ger Dy fron mewn cystudd ysbryd
> Nertha f'egwan ffydd.
>
> *Cytgan:*
> Iesu, Iesu,
> Gwrando lais fy nghri,
> Pan ar eraill 'rwyt yn gwenu,
> Paid â'm gadael i.'

'Dwn i ddim ai ymbil fel yna oedd yn eu hiaith nhw. Yn sicr ddigon ni fyddai Sankey a Moody a Ieuan Gwyllt erioed wedi breuddwydio gosod y geiriau mewn cyd-destun mor wleidyddol ffrwydrol. Ni fyddai'r cenhadon ychwaith yn debyg o'u mabwysiadu fel anthem i baratoi'r ffordd tuag at yr Affrig newydd! 'Doeddwn innau ddim, yn niniweidrwydd twyllodrus y tridegau, yn eu gweld fel maniffesto'r Deyrnas. Ac mi 'roedd canu a chwerthin hwyliog y ddwy chwaer yn awgrymu nad oedd i'r geiriau unrhyw islais herfeiddiol iddyn' nhw 'chwaith.

O'u cofio heddiw yn sŵn chwalu'r muriau mawr a dyblu a threblu'r AffricA .. A .. A .. 'fedra' i lai na gweld a chlywed y 'tirion Iesu' hwnnw'n troi yn nerth i'w ffydd ac i'w hysbryd cystuddiedig. Yn sicr, mae cyfrifoldeb ofnadwy ar unrhyw un sy'n dal i gredu fod Mab y Dyn yn gwenu ar rai a gadael y lleill, yn meiddio uniaethu â chyfundrefn ddiwinyddol sy'n neilltuo nawdd y wên honno i'r gwyn breintiedig. Craig wedi'i hollti yw'r sylfaen hwnnw.

Nid eu gwroldeb, eu hunplygrwydd a'u cyfrwystra yn unig a gariodd Mandela a Tutu a'u tebyg i olwg y Gaersalem newydd, ond dyfnder ac eangfrydedd cynseiliau eu ffydd.

Mae 'na ryddid, wrth gwrs, na all gormes na charchar mo'i ddiffodd. Ond fe ddefnyddiwyd hwnnw mor aml fel cyfiawnhad (gwleidyddol a chrefyddol) dros ddioddef a goddef adfyd fel rhan o dynged.

*   *   *   *

Y tu ôl i bob rhaglen fe geir stori nad yw byth yn cael ei hadrodd. Weithiau gall fod yn dro trwstan. Dro arall yn rhwystredigaeth. Fe geir cynllwynio a sensoriaeth. Mae'r byd newyddiadurol yn llawn o hanesion felly. Ceir pwysau parhaus o du'r llywodraeth a nerfusrwydd mawr ymhlith penaethiaid a chynhyrchwyr rhaglenni i fod yn wleidyddol 'gywir'. Yn fynych, mae hynny'n gyfystyr â mabwysiadu stans anfeirniadol o bolisi'r wladwriaeth yma neu acw. Pris ein rhyddid, o hyd, yw gwyliadwriaeth barhaus. Fe fygwyd mwy nag un llais am geisio bod yn wyliwr ar y tŵr.

Ar ôl dweud hynny, rhaid ychwanegu mai ychydig iawn iawn o gyfyngu felly a deimlais i wrth weithio'n ddyddiol am dair blynedd a hanner ar raglen Y Dydd ac wedyn am bron i chwarter canrif ar amrywiaeth o raglenni dogfen a thrafod efo HTV. Hwyrach i mi fod yn rhy ddof!

Fe fu storm ar ôl y tair rhaglen o Dde Affrig – nid o du'r llywodraeth nac ychwaith o fewn yr awdurdod teledu. Yn hytrach fe geisiodd aelodau o'r mudiad gwrth-apartheid yn ddygn iawn i'w cadw rhag cael eu dangos o gwbl. Fe osodwyd pwysau ar benaethiaid HTV ac ar yr undeb perthnasol i'w diarddel. 'Roedd sôn am streic er nad oedd y lleisiau protest na neb arall wedi gweld y rhaglenni nac yn gwybod dim am eu cynnwys.

Fe gafwyd erthygl flaen yn Y Cymro a bu mwy nag un drafodaeth ar y radio a'r teledu ar ôl i'r rhaglenni ymddangos. Yr hyn a ysgogodd y brotest, wrth gwrs, oedd ein mynd yno o gwbl. 'Roedd yr ymgyrchwyr gwrth-apartheid yn pwyso ar i bawb gadw draw ac yn dal allan fod unrhyw ymweliad yn help i gadw'r gyfundrefn ormesol honno mewn grym. Cafwyd lleisiau cryf o fewn De Affrig hefyd yn credu hynny. Pe bawn i'n credu y byddai presenoldeb ein huned fechan ni yn gwanychu llais y brotest yn y wlad honno ac yn cryfhau dwylo'r meistri, mi fuaswn i wedi aros yng Nghymru.

'Roedd yr ysgogiad dros fynd yn ddeublyg. Rhaglen am Gymro a dreuliodd ei oes yno oedd hi. Adrodd stori. Ac er i ni ar ôl cyrraedd yno ddweud mwy, nid rhaglen materion cyfoes oedd hi.

103

Bargeinio min y ffordd yn Ne Affrig

Ffilmio Johannesberg

A'r rheswm arall? Mae'n gas gen i unrhyw ffurf ar apartheid neu etholedigaeth – boed wleidyddol, grefyddol neu hiliol. Ond mae gwrthod siarad, gwrthod cyfathrachu ar sail gwrthwynebiad moesol i unrhyw bolisi, neu berson neu blaid yn tanseilio rhyddid y newyddiadurwr i ddilyn ei drywydd. O gychwyn i lawr ar y ffordd yna, pa linyn mesur sydd ganddon ni i ddosbarthu cyfundrefnau gormesol? Ai llywodraeth wedi ei sylfaenu ar ddiwinyddiaeth sigledig ac ar ragfarn lliw – pa mor wrthnysig bynnag yw honno – yw'r unig darged?

Fe wyddom yn iawn fod yr holl fusnes yn llawn o safonau dwbl ac o ragrith. 'Synnwn i ddim nad oedd rhai o'r lleisiau a fu'n taranu yn fy erbyn innau yn euog o anoddefgarwch hiliol – a hwnnw dipyn yn nes adref.

Stori Meic Owen o Gwm-y-glo yng Ngwynedd aeth â ni yno, a hynny cyn sôn am ryddhau Mandela. Mynd yn ŵr ifanc i weithio ac i geisio ffortiwn yn y gwaith aur. Priodi ag Afrikaan ac aros yno. (Mae Gwyn Llewelyn wedi adrodd ei stori yn ei lyfr hynod ddifyr, *Gwyn a'i Fyd*, 1996. 'Roedden ni'n dau yno dan amgylchiadau gwahanol iawn.) Ni chafodd Meic ei ffortiwn ond fe ddringodd o fod yn labrwr i fod yn gapten ar waith aur y *Beta*, efo'i chwech o ddynion gwyn a chwe chant o weithwyr lliw. 'Roedd ei agwedd tuag at y brodorion yn un syml. Ar un llaw, pwysleisiai fod ei ddwy forwyn yn ddiddig eu byd, un yn dod yno'n rhan amser a'r llall yn byw yn ei chwt yng ngwaelod yr ardd. Cyflogau bach, medde Meic, ond heb fod arnynt eisiau dim! Ni theimlai unrhyw bangfeydd o gydwybod, a bu ar delerau da â'i gymrodyr lliw gan eu trin yr un ffunud â phawb arall.

'Roedd un digwyddiad yn crynhoi cyfrinach y llanc o Gwm-y-glo, yr hogyn a wyddai ei *Rodd Mam* o'i ddechrau i'w ddiwedd. Bu damwain yn y pwll ac fe anafwyd un o'r bechgyn lleol. Cafodd ei achub gan Meic efo cusan bywyd. Iddo fo, gwers gyntaf mewn 'Cynhorthwy Cyntaf' oedd cusan o'r fath. Ond i'r gymuned oedd yn dibynnu ar aur *Beta* am ei chynhaliaeth, 'roedd y cusan hwnnw nid yn unig yn waredigaeth economaidd ond hefyd yn bont i gofleidio dau fyd a dau liw.

Aeth ag ethos a brawdoliaeth y chwarel efo fo o Gwm-y-glo i Gwm yr Aur. Ysywaeth, nid dyna fu hanes llawer o'i gyd-Gymry.

O ofyn iddo am ddyfodol De Affrig, 'roedd ei ateb yn mynd â ni ymhell o dawelwch ei ardd a chyfarchion siriol ei gymdogion wrth gerdded efo fo heibio i'r salŵn a'r siop:

'Mae hi'n mynd yn hwyr. Ac mi 'rydwi'n teimlo bod y wlad 'ma fel rhyw decell ar fin berwi'.

Meic Owen – Cwm y Glo a Gorffwysfa'r Pererinion

Yn ystod ein taith, cawsom gyfle i gyfarfod â chroesdoriad o Gymry. I ba raddau yr oedden' nhw, tybed, yn ymglywed â'r berw? Hen wraig yn wreiddiol o Ben-bre, yn cofio Eisteddfod y Cymry yn Johannesberg ac yn jangls, yn diferu o aur ac yn byw mewn cocŵn o atgofion. Bu'n canu a beirniadu yn yr Eisteddfod honno. 'Wonderful'! Yma fe gafodd steil a statws na fyddai'n bod yn ei 'hen Gymru fach'. Dim sôn am y tecell yn berwi na dinasyddiaeth y dosbarth cyntaf a'r ail.

Yma 'roedd mab y Mans o Bontardulais yn beio'r cyfryngau am roi camargraff, eto am weld newid Deddf y Priodasau Cymysg a Deddf Anfoesoldeb – realydd optimistig heb synhwyro'r storm ar y gorwel.

Yma hefyd yr oedd Tom Davies o Ddyfed – rheolwr ffatri cynhyrchu lorïau a ddaeth yma ar ôl cyfnodau yn Ghana, Nigeria, Zambia a Rhodesia. Yma, fe boenai fwy am y gwrthdaro rhwng y gwahanol lwythau o fewn y ffatri na'r berthynas rhwng y gwyn a'r du. A'i siom fwyaf – gweld penodi un o'r llwythau hyn i sefyllfa o awdurdod sawl tro, a rhai o'r un llwyth (heb sôn am lwythau eraill) yn gwrthod derbyn yr arweiniad hwnnw ac yn ei danseilio. 'Roedden' nhw yn hapusach o dan awdurdod y 'dyn dŵad'. Er nad oedd gen i unrhyw le i amau ymrwymiad nac unplygrwydd Tom, 'roedd clywed dro ar ôl tro o enau'r Cymry alltud am anallu'r bobl liw i dderbyn ac i rannu cyfrifoldeb fel pe'n cael ei ddefnyddio fel rheswm neu esgus dros beidio ymddiried yr awenau i'w dwylo. Mae'r ddadl yma sy'n sôn byth a beunydd am ddiffyg profiad a drwgdybiaeth mewnol yn fwy deniadol na cheisio cyfiawnhau'r *status quo* ar sail ideoleg neu batrymau seicolegol. Ymhlith y callaf a'r mwyaf ystyriol o'r Cymry yno, syrthio'n ôl ar brofiad ac *expertise* fyddai diwedd pob trafodaeth a geisiai ddiogelu eu parhad yno. Y cwestiwn amlwg i'w ofyn wedyn oedd – pryd y byddan' nhw'n barod?

Er bod yno ychydig Gymry dewr yn rhannu'r wawr newydd, fe geid hefyd haen heb unrhyw ddiddordeb mewn newid na fawr gydymdeimlad â'r anghyfiawnder amlwg o'u cwmpas. Mae'r geidwadaeth ofalus, hunanddigonol honno mor nodweddiadol o'r Cymry alltud ymhob cornel o'r byd. O symud yn rhy sydyn, 'roedd y gwyn yn darogan chwalfa economaidd a ffyrnigrwydd cic olaf hen fframwaith haearnaidd. O symud yn rhy araf, 'roedd y brodorion yn bygwth ffrwydrad o gasineb gwaedlyd. Bellach mae'r breuddwyd ar gerdded ond mae angen sensitifrwydd ac aeddfedrwydd mawr i gadw'r breuddwyd rhag troi'n hunllef.

Steffan

Do, fe gofnodwyd yn ein rhaglenni y gagendor rhwng y breintiedig a'r di-ystâd. Mynd un bore i ysgol gynradd a gwrando ar y plant yn llafarganu'r weddi yn Saesneg. Sŵn heb synnwyr mewn ystafell dywyll lle'r oedd y llygaid fel gemau bach am fod lliw y croen yn toddi i wyll y bore. A gofyn i'r prifathro, ar ôl wyth mlynedd yn yr ysgol, faint o'r plant a symudodd ymlaen i addysg uwch. 'Roedd bysedd un llaw yn ddigon i ateb y cwestiwn.

Fe gawsom fynd i mewn i'r *Western Deep Level* a agorwyd yn 1957 – un o byllau Oppenheimer yn cynhyrchu aur ac wraniwm. Pasio heibio i Jacaranda Place ac Acacia Street gyda'u lawntiau a'u coed a'u blodau – trigfannau nefol swyddogion y pwll. O fewn ffiniau'r pwll, y gweithlu brodorol, pedair mil ohonyn' nhw, mewn hosteli, deg i bob ystafell wely, heb wreiddiau, heb deulu, heb ddiddanwch ond syrthni'r hostel yn oriau'r tywyllwch.

*   *   *   *

Mae gweddill y daith y troi o gwmpas Steffan, porthor yn y gwesty. Y fo a'm cyfarchodd un bore efo'r geiriau – 'Massa, 'rydech chi'n canu fel un heb deimlo diwrnod o ofid erioed'. Cyfarchiad a oedd i arwain at un o brofiadau cofiadwy fy mywyd ond na fu'n rhan o'n ffilm, am resymau amlwg. Ar ôl wythnos, 'roedden ni'n cyfnewid sgwrs bob bore a hwyr. Yn y man, dweud wrtho fod Soweto yn waharddedig i ni, ond y carwn i, pe bai modd yn y byd, fynd yno fy hunan – costied a gostio. 'Dwedodd o ddim byd. Yna, ddau ddiwrnod yn ddiweddarach yn f'atgoffa o'm cais. 'Pam?' oedd ei gwestiwn. 'I gael gweld y lle a chyfarfod â rhai o'r trigolion' oedd yr ateb. ''Rwy'n byw yn Soweto,' meddai Steffan, 'mi af â chi yno', a dyna drefnu ei gyfarfod yng nghyntedd y gwesty un diwedd pnawn. Dyna ni'n dau yn cerdded rhyw hanner milltir nes cyrraedd maes parcio anferth, yn orlawn o fysiau mawr a bach, yn orlawn o wynebau yn dychwelyd o Johannesberg i Soweto ar ôl diwrnod gwaith. Cannoedd ohonyn' nhw. Fi oedd yr unig wyneb gwyn ynghanol y môr tywyll!

Fe ddaeth un bws ar ôl y llall, a phob un yn eu tro yn llyncu'i lwyth. Yna bws-mini yn cyrraedd a Steffan yn fy ngwthio i mewn efo'r dwsin ac yn eistedd wrth fy ochr. Yn y Volkswagen honno, heb wybod beth fyddai diwedd y daith na sut y dychwelwn, y teimlais agosrwydd a gwres corff Steffan. Hwn oedd fy nhywysydd a'm ceidwad, er na wyddwn fawr ddim amdano. Os bu yna rywdro haenau hiliol yn

Steffan yn Soweto

llercian yn rhith lliw neu dras, fe'u dilëwyd unwaith ac am byth yn nghyfathrach glos a distawrwydd llethol y cerbyd hwnnw. Y fo, nid y fi, oedd yn penderfynu pen y daith a'r cwmni a fyddai'n fy aros.

Cyrraedd i ganol clystyrrau o gytiau a chenlli o blant a chŵn, ffyrdd tyllog a sbwriel, jync o gerbydau ac o geriach. Hon oedd y dreflan na wyddai neb yn hollol faint ei phoblogaeth nac ychwaith am holl ddryswch y mynd a'r dod.

Yma hefyd yr oedd y brwydro ffyrnicaf.

Ymhen dim, 'roeddwn i mewn shanti o gartre' ac ystafell led-dywyll – mam Steffan, gwraig gron, radlon, ei chwaer a'i phlant. 'Croeso i Soweto' – a chael cynnig paned o de neu beint o gwrw i gwrdd â chriw bychan oedd ynghanol y frwydr.

'Roedd rhywun wedi cael ei fombardio eisoes â delweddau trais ar y sgrîn ac yn y wasg – y cyrff llosg mewn teiars, milwyr a phlismyn yn tanio heb ofyn pwy na pham, cyllyll a chleddyfau a phastynau'n creu patrymau o glwyfau ac o byllau gwaed, stampîd o dan gymylau baneri a chrochlefain digofaint. 'Roedd hyn i gyd ar gael o'm cadair esmwyth cyn cyrraedd yma erioed.

Yr hyn a'm tarawodd yng nghwmni rhai o drigolion y lle oedd eu hurddas a'u deallusrwydd yn hytrach nag unrhyw bortread graffig o'u dioddefaint dyddiol. Trwy'r cyfan, 'roedden' nhw'n gwybod y byddai'r frwydr yn cael ei hennill am fod egin hunanddinistr yn nhraha'r meistri.

Er hynny, nid criw i weld y cyfan yn ddu a gwyn (goddefer geiriau mwys!) oedden' nhw 'chwaith. Buan iawn y chwalwyd sawl stereoteip. 'Roedd i Soweto ei dlodion a'i gyfoethogion, ei hofelau a'i blasau, ei jync a'i Merc. Yma hefyd ceid y spif a'r fandal yn barod i ruthro i mewn trwy ddrysau a ffenestri drylliedig, ac i fanteisio ar bob cyrch. Fe gafwyd ffrindiau dewr wedi gorymdeithio ac eraill wedi magu bloneg ar gorn y gwae. Ymhlith y llwythau, hen raniadau difaol a'r sioni-bob-ochr, y pragmatydd a'r breuddwydiwr. A digon o realaeth o gwmpas hefyd i wybod na fyddai sloganau dicter y canrifoedd ddim yn ddigon i adeiladu gweriniaeth newydd na gwareiddiad amgenach.

Wrth ffarwelio, fe'u credwn wrth eu clywed yn diolch i Steffan am ddod â mi efo fo, a'u gobaith y byddwn ryw ddydd yn dychwelyd i'r Affrig newydd.

Bu cysgod Mandela yn hydreiddio'n holl drafod. 'Roedd maint ei ddioddefaint a'i aberth yn siarad yn huotlach nag unrhyw slogan neu faniffesto. Ennill ei le yng nghalonnau ei bobl wnaeth o, nid ei hawlio.

Mi 'roedd yna elfennau tipyn llai gwareiddiedig yn cerdded heolydd Soweto – yn llid y mob ac yn llechu y tu ôl i iwnifform. Gras gosgeiddig a chymodlawn Nelson Mandela oedd, ac yw, y gobaith du a fynnodd angori'r breuddwyd wrth gyfiawnder yr achos yn hytrach nag wrth gyhyrau'r ddawns angau.

Dysgodd y trip un wers arall hefyd ac fe sodrwyd honno yn seiat Soweto. Gwrthod unrhyw gyfathrach, dialog neu bartneriaeth ar sail lliw croen yn hytrach nag unrhyw dir moesol credadwy oedd yn gwneud y sefyllfa'n wrthun. Ar ben hynny, adeiladwyd rhyw fath o ddiwinyddiaeth ac anthropoleg *bogus* i geisio cadw'r cyfan wrth ei gilydd – ffurf ar etholedigaeth wyrdroëdig yn gweld y gwyn yn llenwi'r llwybr cul i'r Nefoedd, a'r cwmwl du yn llenwi'r ffordd lydan i Ddinas Distryw.

I drio cadw'r gyfundrefn ryfedd honno rhag ymddatod, 'roedd ganddon ni wedyn fyd (gan gynnwys y gorllewin) gyda'i safon ddwbl a'i dafod fforchog yn dal i gadw pob marchnad yn agored ac yn dal i hobnobio gyda'r hen feistri. Wrth gwrs, fe gaem yr anogaethau penagored arferol yn gobeithio am weld newid er gwell, ryw ddydd. 'Doedd hyn ddim yn gofyn am gondemnio carcharorion cydwybod na pheidio blagardio'r A.N.C. Bod yn 'wleidyddol gywir' oedd cyfiawnhau'r trais i gadw trefn a chondemnio unrhyw wrthryfel yn ei erbyn. (Mae'r cwmnïau mawr rhyngwladol o hyd yn dueddol o ddehongli anniddigrwydd y cymdeithasau brodorol fel niwsans anniolchgar.)

Wrth drafod y sefyllfa yno ymhlith ffrindiau Steffan, 'roedd rhywun yn disgwyl dadansoddiad a fyddai'n gosod y bai, yn y bôn, ar yr hen draha imperialaidd. Ond y criw bach yma, yn Soweto, o bawb, oedd y cyntaf i ddarogan na fyddai hunanlywodraeth yn dileu'r trachwant sy'n ddyfnach na lliw'r croen. Mater o dristwch ac o bryder iddyn' nhw oedd sylweddoli bod trosglwyddo awdurdod yn aml yn ddim ond cyfnewid un math o ormes am un arall – weithiau hyd yn oed yn waeth, a hynny yn chwarae i ddwylo'r hen ymsefydlwyr.

Yn y sefyllfa newydd, lle na fedrir mwyach feio'r dyn gwyn am bopeth, fe fydd gofyn am safonau amgenach nag a roddwyd iddyn' nhw ac arnyn' nhw gan eu llywodraethwyr. Mae hynny'n gofyn llawer. Eu natur, eu cywirdeb a'u cymhellion fydd o dan y chwydd-wydr wedyn – nid eu lliw.

Y PLENTYN

Gwelais ei lygaid mawr du
yn rhythu trwy bob sgrîn
i mewn i fy llygaid i –
ei weld trwy fy nagrau
ac yntau'n rhy wan,
yn rhy wag,
yn rhy hen
i grïo.

Ei asennau pigog yn rhes
fel y sgerbwd hwnnw o gwch gynt
yn y gwynt a'r glaw
draw, draw ar greigiau Llanddwyn,.

Dwylo'n crafangio
ar fronnau llipa
heth tethi ei fam,
a'r olew a'r llaid
yn sugno esgyrn ei draed
lawr i'r diddymdra du.

Diymadferthedd tebyg ei ymwacáu
a welais unwaith o'r blaen
pan oeddwn innau'n fach,
ond hongian wnâi hwnnw ar hoelion
gan gario ei goron o ddrain.

Gosod Pabell

O ddilyn y ffordd o bentref Llanerfyl ym Mhowys a chario ymlaen drwy Gwm Nant yr Eira, fe fyddwch yn mynd heibio capel. Gosen. Yno yr oedden ni ar y Sul cyntaf hwnnw o Fedi 1939 am ei bod hi'n Gyfarfod Ysgolion Sul. 'Does dim atgof yn aros o'r adnodau a fu'n faes llafur na phwy oedd yno. Er hynny, mae'r diwrnod a'r lle yn rhan o'r bererindod hon.

Yn union ar ôl yr oedfa,'roeddem ni'n mynd i dŷ cyfagos i wrando ar y radio. Yno, clywed Neville Chamberlain mewn llais drygargoelus yn cyhoeddi fod Hitler wedi diystyru'r alwad ar iddo atal ei law a rhoi terfyn ar ei fwriadau treisiol. 'Roedd yr Ail Ryfel Byd ar ein gwarthaf.

Chwarter canrif ynghynt, y Kaiser oedd wrthi. Fe'n magwyd yn sŵn atgofion cymdogion, perthnasau ac athrawon a fu 'yno'. Yn hogiau, ambell i gyda'r nos o flaen y gofgolofn ynghanol y pentref gwelem hefyd, ar y briddfaen binc, restr hir o'r rhai a arhosodd 'yno'.

Chwilfrydedd diniwed yn hytrach nag ofn oedd yr ymateb cyntaf y bore hwnnw. 'Germans'! 'Fydden' nhw'n dod mor bell â Llanerfyl? Sut fydden' nhw'n byhafio? O leiaf, mi fydden' nhw'n dod â rhyw gymaint o ddrama i'n bywyd! Hyd yma, 'roedd Ewrop a'i gynyrfiadau ymhell, bell. Wedyn y daeth yr holl straeon am y sawdl Natsïaidd, yr erlid mawr a'r gwersylloedd gwae. Yn ddiweddarach hefyd y daeth y portread ffilm o bob milwr Almaenig efo'i gam gŵydd, ei sbectol a'i lygaid oer, clec ei sawdl a sgrialu ei Mercedes mawr, du. 'Roedd marc Cain a'r Gestapo ar bob un ohonyn' nhw!.

Chwilfrydedd diniwed? Ie – a dos go fawr o ramantiaeth llanc hefyd: rhuthro o'r ysgol un pnawn i weld rasus moto-beic a seidcar rhyngwladol yn mynd drwy Gwm Banwy. Tîm o'r Almaen yn eu plith a'r enw BMW ar y tanc. Hogiau pen felyn, siŵr o fod, pe bai modd gweld lliw eu gwallt o dan yr helmed! Cofio 'nhad, wedyn, yn sôn am Brifysgolion Leipzig a Heidelberg gan enwi pregethwyr ac ysgolheigion o Gymru a fu yno – 'nhad na chafodd ysgol uwchradd na choleg erioed. Ffarm, llyfr a chapel fu ei faes llafur a'i ddiddanwch. Arall oedd ei freuddwydion. Arall hefyd, siŵr o fod, oedd ei obeithion fel tad.

Ym misoedd cyntaf y rhyfel mi es i Lerpwl i glywed yr *operetta* gan Franz Lehar, *Land of Smiles*, a hynny'n benodol am fod y tenor a'r merchetwr mawr Richard Tauber yn canu. Onid oeddwn i wedi fy hudo gan y llais a'r acen Almaenig a ddeuai allan o'n gramoffon Columbia dderw yn y tri degau? Ar ganol ei gân gyntaf, dyma'r gynulleidfa'n dechrau stampio traed a hwtian. Gelyn oedd o. Fe gerddodd i flaen y llwyfan: 'Awstriad ydw i. A beth bynnag, 'does dim ffiniau i fiwsig'. Fe drodd y brotest yn fonllef o groeso nid oherwydd iddo nodi'i wreiddiau ('roedd Hitler hefyd yn dod o Awstria) ond am iddo ryddhau'r gân o hawliau unrhyw un genedl a gwrthod ei throi, fel y gwnaeth Hitler i gerddoriaeth Wagner, yn arf gwleidyddol i gyhoeddi goruchafiaeth unrhyw hil.

Yn fuan wedyn 'roedd fy nyffryn islaw llwybr y Junkers a'r Dorniers yn cyrchu am lannau Merswy gyda'u hubain annaearol a'u llwythi tân. A draw dros y Berwyn gwelem gochni'r dadlwytho.

Fe gafodd un o'r awyrennau hynny ei tharo, a syrthiodd heb fod ymhell o Fachynlleth. Llusgodd un o'r criw i fferm gyfagos. 'Doedd yr ardal ddim yn ddieithr iddo. Ychydig flynyddoedd ynghynt, bu o gwmpas y gornel yma o Bowys o'r blaen – ar fotobeic a seidcar!

*   *   *   *

Gorffennaf 1943. Cwblhau'r papur olaf yn arholiad y Dystysgrif Uwch yn Ysgol Uwchradd Llanfair Caereinion ar brynhawn Mawrth a gadael cartref y bore Iau canlynol. Fel un o fyddin anymladdol y brenin (y Non-combatant Corps), cael fy nanfon ar gwrs i Lundain ac yna i'r Fenni, yng Ngwent. Yno, 'roedd gwersyll carcharorion rhyfel, rhif 118, – rhan ohono ar gyrion pentre'r Maerdy. Rhai cannoedd o'r carcharorion wedyn ar dir a fu unwaith yn rhan o deyrnas drwyadl Gymraeg Arglwyddes Llanofer, a dwy hostel yn yr hen sir Frycheiniog.

'Roedd un carcharor yn cael lle cyfan iddo'i hunan, filltir neu fwy o gwmni'r lleill, o dan ofal tîm o seicolegwyr a gwarchodlu preifat ym Mhlasty Maindiff Court. Dirprwy Hitler, Rudolf Hess, oedd hwnnw. Fy ngorchwyl yn y swyddfa ym Maerdy oedd gofalu am fuddiannau'r carcharorion a chadw trefn ar y dogfennau oedd yn cofnodi eu hanes. Pawb ond Hess – 'roedd ei holl symudiadau a'i fwriadau ef i fod yn gyfrinach fawr.

Er bod pwysau arnom i gadw'r 'gelyn' o hyd braich ac i ymgadw rhag pob ymgais i ddod yn orgyfarwydd â'n gilydd, fe'i cawn yn hollol amhosibl byw felly o ddiwrnod i ddiwrnod. Am y tro cyntaf yn fy mywyd, 'roeddwn i wedi gadael y cwm a'r cydnabod cyfarwydd rhwng Moel Bentyrch a Bwlch y Fedwen. Ac nid cynnyrch dychymyg, sgrîn, rhamantiaeth na goslefau herfeiddiol Churchill oedd o 'nghwmpas i ymhob man ac yn rhannu swyddfa o fore tan nos.

I ddibenion rhyfel, mae gallu creu cartŵn a bwgan yn gyfleus. Bydd personoli a Sataneiddio cenedl gyfan yn gwneud y gwaith o'i difetha gymaint â hynny'n haws. Dyna oedd yr Almaenwr i ni, dyna oedd yr Iddew yn yr Almaen, dyna oedd y clefyd melyn Siapaneaidd. Dyna oedden ninnau i beiriant Goebbels. Ac am fod yna ryw ddarn o'r gwirionedd ymhob cartŵn, mae'r tric yn gweithio bob tro. Y sioc gyntaf a ges i drwy gyfathrachu a chasglu manylion a dogfennau at ei gilydd, oedd sylweddoli mor amhosibl oedd unrhyw gategoreiddio hwylus.

Allan ar y ffermydd 'roedden' nhw bron yn ddieithriad yn weithwyr caled ac yn ddibynadwy. O fewn y gwersyll – yn drefnus, ddisgybledig. 'Ryden ni'n dal i sôn am Almaenwyr felly. 'Roedden' nhw hefyd yn tueddu i ymagweddu'n drahaus ac i guddio'u teimladau. 'Roedd gwastrodi fel pe'n rhan o'u magwraeth a'u hanes. Dyna oedd yn rhoi hyrddiadau i'w caneuon militaraidd, eu sloganau bras a'u gorymdeithio tiwtonig, diddiwedd. Ond 'dyw strytian felly ddim yn gyfyngedig i'r Almaen.

Un straen i'w cymeriad yn unig oedd honno. Fe'm dysgwyd yn fuan iawn mai gorsymleiddio peryglus oedd rhoi gormod o bwyslais ar deipgastio o'r fath. Yma, 'roedd bechgyn un ar bymtheg oed wedi eu gyrru i wasanaethu ar longau tanfor a dynion canol oed yn wŷr traed. 'Doedd y naill na'r llall ddim yn ffitio'r ddelwedd. Yn gymysg â'r *élite*, cynnyrch Mudiad Ieuenctid Hitler a'r SS 'roedd eraill na fwriadwyd iddyn' nhw erioed ymdeithio, hwylio na 'hedeg.

Mi garwn fod wedi cyfarfod Rudolf Hess ac yntau mor agos! 'Trwy ddirgel ffyrdd' 'roedd yn bosibl casglu ambell damaid o wybodaeth amdano – ei hoffter o fynd bob dydd am dro efo'i gi, ei ymddygiad orïog ac ansefydlog ac, wrth gwrs, y dirgelwch mawr – pam iddo ddod ei hunan yn ei Messerschmitt 110 o faes awyr Augsburg bob cam i'r Alban ar y dydd hwnnw o Fai, 1941? Beth yn hollol oedd ei fwriad wrth gyfarfod â Dug Hamilton yn Glasgow? A oedd Hitler yn gwybod am ei fwriadau o'r cychwyn? ('Rwy'n gwrthod y ddamcaniaeth ddiweddarach nad Hess oedd o, yn ogystal â'r dybiaeth ei fod yn

116

wallgof. Yn sicr,'roedd ei ymddygiad yn y Fenni yn od, yn ecsentrig a bu'n ymddwyn felly drwy gydol ei brawf yn Nurenberg. Ystryw? Wedi'r cwbl, ni chafodd ei ddedfrydu i farwolaeth!).

Mae esboniad symlach a thystiolaeth i'w gadarnhau. Yn y gwersyll, 'rwy'n cofio cael sawl sgwrs efo un o'r uchel-swyddogion a fu hefyd yn athro prifysgol yn Berlin. Ar wahân i'w gred fod grym masnachol ac economaidd yr Almaen wedi syrthio i ddwylo'r Iddewon, 'roedd o hefyd o'r farn y dylai'r Almaen a Phrydain fod wedi trefnu cadoediad gan uno i orchfygu'r Undeb Sofietaidd. 'Darllenwch y *Mein Kampf* ac fe welwch nad oedd Hitler wedi bwriadu gorchfygu Prydain. O'r dwyrain y deuai'r barbariaid!'

Er bod yr hanesydd David Irving wedi ei gyhuddo o gam-ddehongli a chamddeall bwriadau a chymeriad Hitler, ni welaf fod hynny'n rheswm dros wrthod un manylyn yn ei lyfr, *Hitler's War*. Yno, fe adroddir i Hess adael llythyr maith i'w feistr yn egluro paham iddo fentro'r daith unffordd honno. Ei fwriad oedd mynd i weld y Dug Hamilton, ffrind cywir i'r Almaen a gyfarfu yn 1936. Fe gredai y gallai hwnnw ddwyn perswâd ar y llywodraeth i ddod â'r rhyfel rhwng Prydain a'r Almaen i ben cyn i Hitler droi ei sylw i gyfeiriad yr Undeb Sofietaidd. Yn ôl y llythyr, 'roedd Hess eisoes wedi gwneud tair ymgais arall i gyrraedd yr Alban ond fod diffygion peiriannol ar yr awyren wedi'i orfodi i droi yn ôl.

Erbyn hyn, fe wyddom nad mympwy ffantasïol oedd y tu ôl i ddisgwyliadau o'r fath. Nid Dug Hamilton, o bell ffordd, oedd yr unig un i goleddu teimladau tyner at Almaen y tri degau. Ar wahân i'r rhwymyn brenhinol cryf ac empathi rhwng pendefigaeth y ddwy wlad, 'roedd digon o wleidyddion, gan gynnwys Lloyd George, wedi eu mesmereiddio. A bod yn deg, hawdd iawn yw bod yn ddoeth ar ôl y gyflafan. Ymhlith yr Almaenwyr mwyaf cytbwys yn y gwersyll, 'roedd cyfuniad o ddyled, o barch, o ddryswch ac o euogrwydd wrth geisio dod i delerau â'r hyn oedd wedi digwydd iddyn' nhw. Ar ôl teimlo digofaint am delerau llym Cytundeb Versailles yn dilyn y Rhyfel Byd Cyntaf a'r modd yr aed ati i ailadeiladu'r Almaen ac ailadfer ei hunan barch yn y tridegau, 'roedd y rhyfel fel pe'n estyniad o'r rheidrwydd i gadarnhau ei statws fel grym parhaol yn nyfodol Ewrop. Y dryswch wedyn oedd pam fod y byd i gyd bron wedi troi yn ei herbyn a pham i awydd Hitler am achub ei wlad droi yn *Mein Kampf* trahaus a hiliol, yn baranoia bydeang ac yn gasineb mewnol yn erbyn yr Iddew.

*   *   *   *

Daeth y rhyfel i ben a dyna ddechrau'r gwaith o ddychwelyd yn ôl i'w gwlad. Un o'r tasgau mwyaf astrus oedd ceisio rhoi trefn ar pwy ohonyn' nhw ddylai fynd gyntaf. Yn naturiol, fe roddwyd cryn bwyslais ar adfer democratiaeth a dileu yr ideoleg Natsïaidd unwaith ac am byth. Y bygythiad pennaf, wrth gwrs, oedd yr *hard liners,* a nhw fyddai'r olaf i fynd. Ond sut oedd dod o hyd iddyn' nhw? 'Roedd amryw byd wedi ymuno ym Mudiad Ieuenctid Hitler ac wedi ymuno â'r parti. 'Doedd hynny, ynddo'i hunan, yn profi dim. Dro ar ôl tro, fe gawn y cyfiawnhad fod ymaelodi yn sicrhau gwaith a dyfodol. Dadl resymol, heb arlliw o eithafrwydd yn perthyn iddi. 'Roedd yn well gen i gyfaddefiad onest felly, yn hytrach na throedigaeth gyfleus oedd yn fwy o ystryw nag o daith boenus i Ddamascus! Y peth pwysicaf oll oedd ceisio dileu cymaint o'r chwerwder a'r casineb, beth bynnag am yr euogrwydd. Ac mi 'roedd yno gnewyllyn bychan caled nad oedd yn edifar am ddim byd. Wedi cyrraedd cyffiniau Moscow neu Stalingrad, wedi wynebu a cholli'r frwydr yn erbyn 'llygod mawr yr anialwch', neu losgi Abertawe, Coventry neu Lundain, nid oedd rhaid ymddiheuro am ddim. Fel ymhob gwersyll o garcharorion, gwaith y lleiafrif hwn oedd ceisio cadw'r ffydd yn 'bur'.

*   *   *   *

'Dw i ddim yn cofio erbyn hyn pryd yr anfonwyd August Kaiser yn ôl i'w gartref yn Brunswick ac i ail-afael, gobeithio, yn ei waith fel banciwr. Bu'n gweithio yn y swyddfa trwy'r cyfnod i gyd. Deuai i mewn bob bore, ymgrymu, clec ar ei ddwy sawdl, cyfarchiad cwta ac eistedd i lawr. Ffurfiol, 'cywir' ac amhersonol.

Yn *Y Faner* lansiwyd apêl am barseli bwyd a choffi i'w hanfon i'r Almaen. Soniais am hyn wrth August, gan ofyn a fyddai'n barod i mi anfon rhywbeth i'w deulu. Safodd yn stond gan edrych i fyw fy llygaid ac fel pe'n ymladd rhyw frwydr fewnol. Yna torrodd yr argae a'r dagrau. Chwalwyd y mur. Cyfarfod. Adnabod. Cymod. 'Fu'r swyddfa na'r dogfennau ddim yr un fath wedyn!

Ffarwelio â'r Almaenwyr a pharatoi i dderbyn cannoedd o Eidalwyr. Newidiodd holl awyrgylch y gwersyll. 'Roedd i'r newydd-ddyfodiaid yma hefyd eu profiadau egr a'u cyfran o ddisgyblion Ffasgaidd. Fel yn hanes yr Almaen, fe gafwyd yma hefyd stori'r breuddwyd a'r gobaith; gwyrth yr *autostrada*'n cydio gogledd a de, clirio'r *malaria* o'r corsydd a'r ymgais i osod yr Eidal yn bŵer

118

dylanwadol yng ngwleidyddiaeth y ganrif. Yn y diwedd, dadfeilio a wnaeth y breuddwyd ymerodraethol yn Abyssinia ac fe drodd partneriaeth filwrol Mussolini a Hitler yn dipyn o embaras i'r naill a'r llall.

O ddod i'w 'nabod o fewn terfynau gwersyll, 'fedrwn i lai na theimlo na fwriadwyd i'r mwyafrif ohonyn' nhw erioed ddilyn thympian drwm na thraha yr hen eryr imperialaidd.

Yn ddiarwybod, rywsut, fe'm sugnwyd i mewn i wead o brofiadau ac o deimladau nad oeddwn yn barod amdanynt. Un peth oedd cyfarwyddo â threfn ddisgybledig, gyfrifol, yr Almaenwyr . . . 'roedd hyn yn rhywbeth arall! Fy nghael fy hun yn gorwedd ynghanol llond cwt ohonyn' nhw gyda'r nos a rhannu hiraeth. Lluniau'r cariadon a'r teulu. Clawstroffobia'r weiren bigog yn ymagor i banorama o winllannoedd o haul a grawnwin. Verdi a Rossini a chaneuon serch Napoli yn gordiau o gig a gwaed. Yr hyn a glywais o'r hen gramoffon gartref, gan fy mrawd Gwilym neu ar lwyfan Eisteddfod y Foel, *Eri Tu, O! tu Palermo, Nesun dorma* . . ., 'roeddwn i wedi cael mynd i mewn i'w teyrnas.

A gloddest o synwyrusrwydd. Byrddau'n blastar o sbageti ac o bastai 'fel y byddai mama'n ei wneud'. Ar y muriau – bronnau, penolau a thonnau gwallt yn un deimensiwn annigonol! Yn swyddogol, dyna'r unig chwiw erotig oedd ar gael iddyn' nhw. Ond nid mynachod oedden' nhw! Byddai rhai o ferched cymwynasgar y Fenni i'w gweld gyda'r hwyr yn loetran y tu allan i'r brif fynedfa neu'n s'mera'n obeithiol yn yr wtra gerllaw. Digon prin y bydden' nhw i gyd yn dychwelyd yn waglaw. Byddai amryw o'r carcharorion yn aros ar y ffermydd neu yn mynd a dod bob dydd. A diau i syched sawl lodes wledig a gwres carcharor gael eu diwallu wrth y ffynnon.

Weithiau, 'roedd pethau'n mynd o chwith a dau yn cael eu dal. Neu fe ddeuai cŵyn o du'r ferch iddi ildio yn erbyn ei hewyllys. Am fod rhyw lun o wahardd ar gyfathrachu o'r fath, byddai hyn yn fater difrifol. Bûm yn dyst mewn mwy nag un achos 'llys' o fewn y gwersyll, a dwbl ryfeddwn at ddawn y troseddwr honedig i ymddangos mor ddiniwed gan osod y bai ar angerdd chwilboeth y ferch ynghyd ag apêl at swyddogion y tribiwnlys i ddeall y pwysau arteithiol y tu ôl i lifddorau a fu ar gau am flynyddoedd. Byddai'r frawdoliaeth fatsho-filwrol yn deall pwysau felly!

Yno hefyd yr ymunais yn eu dawns bêl-droed ac yn eu canu hiraethus gyda'r hwyr. Yn fwy na dim, cael lliw a blas eu gwlad a symud sydyn a stormus eu teimladau. Yn yr eglwys fach dros dro yng nghornel y campws hefyd y teimlais ddyfnder emosiwn a dwyster digwestiwn defosiwn a oedd yn ddieithr iawn i mi. Y nhw oedd wedi adeiladu'r allor, a'u celfyddyd fu'n ei haddurno.

*   *   *   *

Ystad o dai sydd yn y Maerdy heddiw a dim o'r gwersyll ar ôl.

Wrth droed Y Sgirrid Fawr mae'r *Walnut Tree,* un o'r tai bwyta gorau yng Nghymru. Yno mae Franco o'r Eidal ac Ann o Frycheiniog. Bu'n gyrchfan ers dros chwarter canrif. A phan gerdda'i i mewn i'r gegin a gweld Franco a'i staff ifanc yn moldio'r *pasta* ac yn anwylo'r llysiau, mi fydd gwesteion gweledig ac anweledig sawl gwlad a chenhedlaeth yn troi tua'r bar a'r byrddau.

Stori Pedr

Mi ges bellach dros hanner can mlynedd i bendroni uwchben y daith honno i ganol y carcharorion, i ganol rhwyg a rhagfarn y byd. Parhad o'r bererindod honno fydd gweddill y gyfrol hon. Digwydd galw wnes i yng ngwesty Abaty Maenan, yn ymyl Llanrwst. Y diwrnod hwnnw yn 1970 'roedd y perchennog yn gynnwrf i gyd. Newydd dderbyn llythyr ar ran yr arlunydd Pietro Annigoni yn gofyn am le i aros i bedwar y gwanwyn dilynol. 'Roedd yr artist am dreulio rhai dyddiau yn arlunio yn Eryri ar ôl cwblhau un o'i bortreadau o'r teulu brenhinol. Gan fod cael tipyn o heddwch ymhell o sylw'r cyfryngau yn rhan o'r trefniant, gofynnwyd yn daer am gadw'r ymweliad yn gwbl gyfrinachol.

'Doedd gen i ddim anhawster efo'r amod. Synhwyrwn ar yr un pryd fod hynny'n gofyn llawer ar ran y perchennog. Bu'r enw Annigoni a'i bortreadau yn destun sylw mawr – yn arbennig ddau o'r frenhines. Er nad oedd gen i mo'r cymwysterau i drafod ei waith gydag unrhyw fesur o awdurdod, gwyddwn iddo rannu'r byd celfyddol. Ymhlith y beirniaid mwy traddodiadol, 'roedd edmygedd ohono fel un wedi ei drwytho'n ddwfn yn y traddodiad clasurol gyda'i barch tuag at linell, ffurf a manylder. Ond fe'i gwrthodwyd gyda dirmyg gan yr *avant garde* a'r gwahanol ffasiynau cyfoes. I rai ohonyn' nhw, 'roedd gweld ei waith ar focs bisgedi yn profi iddo buteinio unrhyw ddawn a gafodd. Un a ymbesgodd wrth gasglu enwogion oedd o – yn actorion, gwleidyddion a phwysigion byd.

Hobnobiwr ymfflamychol a Bohemiad anodd ei drin! A fedrwn i ddim cyfranogi o gynnwrf disgwyliadau perchennog y gwesty. Ac eto . . . Mi fyddai'n ddiddorol ei gyfarfod – pe na bai ond i gadarnhau fy rhagfarnau!

Ar ôl dychwelyd i Gaerdydd, dyna sylweddoli bod yr Eisteddfod Genedlaethol yn dod i Fangor y flwyddyn ganlynol ac i mi fwriadu llunio rhaglen deledu ar y bardd R. Williams Parry i gydfynd â'r achlysur. Personoliaeth dra gwahanol! A dyna drefnu'n gyfleus i'r uned ffilmio aros yn Abaty Maenan yr un dyddiadau â'r ymweliad Eidalaidd. Pwy a wyddai be' fedrai ddigwydd?

*   *   *   *

Cyfarfod yn Llanrwst

Ebrill 1971. Gwawriodd dydd yr ymweliad, a'r pedwar ymwelydd i fod i gyrraedd ddiwedd y prynhawn. Ymhell cyn hynny, 'roedd y lle'n llawn o wŷr a gohebwyr y cyfryngau a lawnt y gwesty'n ferw o gamerâu! 'Roedd rhywun wedi gollwng y gath o'r cwd. Aros tan ddeg o'r gloch y nos a neb yn cyrraedd. Diflannodd y rhan fwyaf o'r newyddiadurwyr. Es innau i'r gwely. Chwarter awr yn ddiweddarach, daeth galwad ar i mi fynd i lawr at y ddesg. Yno, gŵr o'r enw Brian Ruinoff (o bopeth!) a fu'n gyfrifol am sicrhau llety yn y lle cyntaf, ac mewn tymer ddrwg. 'Pwy ddwedodd wrth yr helgwn yna? Fe aethon ni ymlaen i'r gwesty nesaf. Ddown ni ddim yn ôl yma am bris yn y byd.' Ond yna'n troi ata' i: Hwyrach y byddech chi'n hoffi dod yn ôl efo fi i gyfarfod y maestro i esbonio . . .'

'Doedd gen i ddim i'w ddweud fel eglurhad nac ymddiheuriad. Eto, hwyrach mai dyma'r unig gyfle i gyfarfod â'r arlunydd tymhestlog hwn.

Eisteddai wrth y bwrdd ar ei ben ei hun. Yn y cefndir, goleuadau Conwy. O'i flaen, olion swper a mwy nag un botel o win. Safodd. Ysgydwodd law. Rhuodd. Bu'n ddigon grasol i gynnig gwydriad o win a bu rhyw gymaint o ymlonyddu. Awr yn ddiweddarach, 'roedd o leiaf wedi ei argyhoeddi i mi barchu ei angen am dawelwch. Ond mentrais awgrymu hefyd na fedrai gŵr o'i enwogrwydd ef fyth ddisgwyl crwydro'r byd heb dynnu sylw a chreu edmygedd a beirniadaeth. Fe wyddwn am sgitsoffrenia mwy nag un ffigur cyhoeddus – yn ofni ac yn cofleidio sylw ar yr un pryd.

Fe ddigwyddodd rhywbeth wrth y bwrdd hwnnw. Weithiau pan fydd llygaid yn cyfarfod llygaid fe ddaw eiliad o adnabod, o fod yn rhan o'r un byd. Mae gan yr Eidalwyr air amdano – *Simpatico*. 'Enaid hoff cytûn'.

Beth bynnag oedd o, cefais addewid y byddai'r pedwar yn dychwelyd y diwrnod canlynol am bryd o fwyd ganol dydd – ac efallai yn aros yn hwy.

Y noson ddilynol, gofynnais i berchennog y gwesty gadw ystafell inni gynnal noson. Rhoi galwad i Meibion Menlli a'r delynores Gwenllïan Dwyryd. Cafwyd detholiad o ganeuon gwerin, o drefniadau cyfoes, emynau a thonc ar y delyn. 'Rydym ni bellach wedi canu hyd syrffed yr emyn dôn *Llef* ar eiriau David Charles, 'O! Iesu mawr . . .'. Ond 'roedd ei chlywed yn brofiad hollol newydd iddo fo. Mi 'roedd ymollwng disgybledig lleisiau gwledig yr hogiau hefyd yn help.

Gofynnodd imi beth oedd ystyr y geiriau. Parablu rhywbeth am gri

Pietro Annigoni – Hunan bortread 1971

pechadur mewn anialwch yn ymbil am nerth, am anian newydd. 'Agnostig ydw i', medde fo,' ond mae'r emyn yna'n swnio fel Eglwys Gadeiriol.'

Nid cyfeirio at ystyr y geiriau yr oedd o yn gymaint â saernïaeth y dôn. Fe glywodd ei glust y tair llinell gyntaf yn codi'n uwch ac yn uwch ar ffurf bwa cyn setlo i sylfaen o dawelwch a chadernid y llinell olaf. Yr oedd clust yr artist yn cyfieithu'r nodau i dri bwa dyrchafedig.

Dros y deunaw mlynedd o gyfeillgarwch a ddilynodd y cyfarfod cyntaf hwnnw, yng Nghymru ac yn yr Eidal, 'roedd yn rhaid gorffen pob noson bron efo'r agnostig a'i gwmni bychan yn cerdded i mewn i'r seintwar yng nghwmni Gutun Arfon a David Charles! 'Dwn i ddim am David Charles, ond mi fyddai gwên ar wyneb Gutun Arfon!

Yn ystod haf poeth 1976 fe ddaeth Pietro a'i gwmni bychan i Gymru. Erbyn hyn, yr oeddwn i yn ddigon cryf i yrru'r modur ar ôl trawiad ar y galon. A mynd bob cam o Gaerdydd i ben draw Llŷn. 'Fedrwn i ddim meddwl am well taith i ddathlu bywyd!

Y bwriad ar y ffordd yn ôl oedd aros y nos Sul ym Mhenmaenpŵl. Wrth ddod heibio Trawsfynydd, sylwais ar nifer o ddynion, yma ac acw, ar fin y ffordd ac o adnabod un neu ddau ohonyn' nhw sylweddoli hefyd mai aelodau o Gôr Meibion y Brythoniaid oedden' nhw. Wrth ddynesu at y Ganllwyd, gweld bws *Regina Motors,* Blaenau Ffestiniog. Hanner cyntaf y côr, mae'n amlwg. Pasio'r bws a'i stopio. 'Roedden' nhw ar eu ffordd i gynnal cyngerdd. A oedd ganddyn' nhw amser i ganu un gân? Allan â nhw! Ar noson fendigedig o haf ar fin y ffordd yng Nghoed y Brenin, corws yn diasbedain drwy'r cwm, 'O! Iesu mawr . . .'

Distawrwydd yn y car ar y ffordd i westy Siôr y Trydydd. Yna, wrth y bwrdd swper, y llais dwfn hwnnw efo'i acen Eidalaidd: 'You are not only a friend. You are a magician! You stop a bus in your beautiful mountains and you give me the cathedral!'.

*   *   *   *

Yn y man – 'roeddem ni ar ein ffordd i Fflorens i lunio tair rhaglen, yn Gymraeg, Eidaleg a Saesneg. Yno, yn hytrach nag yn Llanrwst a Llundain a Chymru, yr agorwyd ac y dehonglwyd map y bererindod a dirgelion adnabod.

Petai gen i well crap ar yr Eidaleg, dichon y byddai drysau a ffenestri eraill wedi agor imi. Mae'n wir iawn fod yna gymundeb ac empathi sy'n gallu hepgor iaith ond yn aml mae'n rhaid sefydlu rhyw bont o ddeall ac o gydymdreiddio cyn cyrraedd y tir cyfrin hwnnw.

I'r haid o ymwelwyr unnos mae Fflorens yn dagfa o drafnidiaeth yn cael ei arwain gan heidiau diamynedd o fechgyn swniog a merched hirwallt ac yn goesau i gyd. Ar yr hen bont, y Ponte Vecchio, clystyrau o siopau gemog yn ystod y dydd a chorneli'n llawn o flotsam y gitâr a'r cyffur gyda'r nos. Ymhob twll a chornel fe fydd stondinau'r lledr a'r llestri ac ambell gychwr yn symud rhwng pontydd yr afon Arno. Cewch rythu a rhyfeddu ar anatomi cerfluniau Michelangelo neu dreulio diwrnod cyfan yng nghwmni artistiaid yr oesoedd yn yr Uffizi.

Ac fe gewch anfarwoldeb mewn portread pum munud i fynd adref efo chi, neu eistedd yn sipian coffi neu win yn sgwâr y Signorina o dan gwmwl o golomennod.

Daeth Pietro yma'n fachgen pymtheg oed o Milan yn union ar ôl yr Ail Ryfel Byd. 'Roedd Fflorens yn fecca i artistiaid ifainc o bob rhan o'r byd. Yma y trodd ei ddawn gynhenid yn ddisgyblaeth crefftwr.

Fflorens oedd dinas ei freuddwyd, ei hiraeth a'i ddadrithiad. Yma y gwelodd gynlluniau uchelgeisiol Mussolini a'i ffasgaeth yn troi'n hunllef. Fe ysgubodd byddin yr Almaen drwyddi gan chwalu pob pont ond y Ponte Vecchio. Gwelodd yn y rhyfel hefyd ei frawd Giovanni, oedd fel gweddill y teulu yn wrth-ffasgaidd, yn cael ei anfon i ymladd yn Rwsia, yn cael ei gam-drin fel carcharor rhyfel ac yn marw o'i ddoluriau. Yn y chwedegau difethwyd llawer o'i hen ogoniannau a'i chelfyddyd gan lifogydd. Ni fedrai 'chwaith ddygymod â llifeiriant ymwelwyr, hyd yn oed pan oedden' nhw'n chwilio am ei ddarluniau a'i enw. Ac fe'i llethwyd wrth weld talpiau cyfain o'r hen ddinas yn ildio'u lle a'u gogoniant i'r hyn a ystyriai ef yn rhaib Philistaidd. 'Dinas fy hiraeth,' meddai, 'yw'r ddinas hon. Dinas sawl siom, dinas mil a mwy o atgofion hardd. Ynddi, wrth gerdded drwy'r Uffizi neu'r Palazzo Pitti ac yn yr eglwysi, rywsut 'does dim yn darfod. Dinas gyda mil o flynyddoedd o draddodiad di-dor. Ac yn fy nychymyg, 'rwy'n dal i'w gweld hi fel yr oedd hi pan ddes i yma yn bymtheg oed. 'Rwy'n dal i chwilio amdani. Ac fe freuddwydiaf yn aml am y cyfnodau pan oedd gweithiau'r meistri mawr, yn ddarluniau, cerfluniau, mewn amgylchedd delfrydol. Rhaid i bob darn o gelfyddyd gael cefndir priodol a chymwys. Fe ges i weld rhai eglwysi a chofgolofnau cyn iddyn' nhw gael eu difetha gan y masnacheiddio rheibus. Mae yma hefyd gyfoeth sy'n gallu difetha a llygru ei gwir gyfoeth'.

'Roedd ei stiwdio yn y Borgo d'Albizi, yn yr hen ran o'r ddinas. Byddwn yn cyrraedd yno'n brydlon yn y bore gyda gorchymyn i wasgu botwm a dweud fy enw. Y drws yn agor. Cerdded i fyny i'r llawr cyntaf. Yno 'roedd botwm arall – a chloch yn canu. Uwchben, fe agorodd ffenestr ac wyneb Pietro yn pipian arna' i. Cerdded i fyny rhes arall o risiau a'r drws y tro yma yn agor ohono'i hunan! Preifatrwydd amddiffynnol yn wir! – Yno, 'mhlith draphlith, darluniau olew a dyfrlliw, pypedau plastig, brasluniau pytiog a gorffenedig, tair cadair, stoliau a bwrdd. Ac wrth gwrs holl offer ei grefft. A llonyddwch. Trwy'r ffenestr gwelwn y Duomo a'r colomennod. Yma y bu man cychwyn un o bererindodau mwyaf ysgytwol a bendithiol fy mywyd.

Yn naturiol ddigon fe fu'r portreadau brenhinol ac arall yn rhan o'n sgwrs. Mae'n amhosibl treulio oriau yng nghwmni unrhyw un ohonyn' nhw heb gyfathrach a sgwrs. Mae'n sefyllfa sy'n rhoi straen enfawr ar yr artist a'i destun. Er bod angen cyfnodau o dawelwch llonydd, rhaid hefyd wrth gyfnodau o ymlacio ac i siarad. Mae'r artist yn syllu, yn dehongli. Y gwrthrych yn dyfalu beth yn hollol yw'r darlleniad hwnnw a faint sy'n cael ei ddatguddio. Yn y tyndra a'r tawelwch, pwy ŵyr beth ddaw allan yn yr ymollwng ac yn y nerfusrwydd?

Fe gafodd ei ddau bortread o Elizabeth yr Ail gryn sylw. Ar y cyfan, croeso cynnes i'r cyntaf yn 1954 ac fe fu'r ymateb cyhoeddus yn gwbl anhygoel – tri chan mil yn mynychu'r arddangosfa gyhoeddus gyntaf, a hynny mewn pymtheng wythnos. Darlun rhamantus o frenhines ifanc oedd y cyntaf. Yn 1970, daeth portread arall ohoni. Gwrthodwyd hwnnw. Yn yr ail, diflannodd y rhamantiaeth gynnar a'r harddwch. Brenhines heb awra a hyder y pum degau a geir yma. Pam y gwahaniaeth? 'Roedd esboniad yr artist yn dra gwahanol i ddisgwyliadau'r cyhoedd. Yn y cyntaf, fe welodd dywysoges i'w delfrydu. O'i hôl yr oedd teyrnas unedig ac ymerodraeth oedd yn dal i wneud rhyw fath o synnwyr. Erbyn diwedd y chwedegau, 'roedd yr hen rwysg ymerodraethol yn prysur ymddatod ac ansicrwydd am ei pharhad o fewn y deyrnas. 'Tydi'r cyhoedd, beth bynnag am y beirniaid, ddim eisiau gonestrwydd nac unplygrwydd . . . dim ond darlun neis. O leiaf 'roedd gwirionedd yn yr ail,' meddai Pietro. 'Roedd o'n hoff o'r ail bortread!

Dyna i bob pwrpas oedd diwedd ein diddordeb yn y portreadau. Eisoes yn Llanrwst ac Eryri 'roeddwn wedi cael awgrym o droi cefn ar gasglu oriel o bwysigion byd. Eisteddem un prynhawn yn ymyl capel bach Nant-y-benglog. O'n cwmpas, talpiau o hen greigiau mewn mawndir a Thryfan yn fygythiol ddu yn y cefndir. Gan ei fod newydd gwblhau un arall o'r portreadau brenhinol, 'fedrwn i lai na nodi'r gwahaniaeth rhwng yr eangderau oesol yma a chlawstroffobia artist a gwrthrych mewn stiwdio. ''Does gen i ddim amser i bortreadau mwyach', meddai. Wrth fynd yn hŷn mae'n anodd dechrau efo cysylltiadau newydd a phobl newydd nad ydw i ddim yn eu 'nabod. 'Rwy'n teimlo fwyfwy fod yn rhaid i mi fod ar fy mhen fy hunan'. Wrth redeg allan o flynyddoedd, efallai fod teimladau felly'n anorfod!

O'i gael yn ei gynefin yn Fflorens, fe ddaeth ei wir gymeriad i'r golwg: stori'r bachgen wedi mopio'i ben ar dynnu llun ac, o dan ddylanwad peiriannydd o dad oedd hefyd wedi breuddwydio am fod yn artist yn nhraddodiad y meistri, yn cael anogaeth sy'n dilyn rhwystredigaeth felly mor aml: 'Mi fyddi di'n artist o bwys ryw ddiwrnod'. Fe gafodd hefyd gan ei rieni atgasedd dwfn tuag at y ffydd Gatholig a'i hoffeiriadaeth. 'Roedd o wedi ei arfaethu i fod yn anffyddiwr o'i grud. Mynegodd hynny'n llanc trwy fandaleiddio eglwysi. Erbyn iddo gyrraedd Fflorens o Milan, Bohemia ac nid y Fatican oedd ei gartref ysbrydol.

Un o'r amryw baradocsau yn ei fywyd oedd realiti'r dystiolaeth gelfyddydol o'i gwmpas ymhob twll a chornel. 'Roedd y meistri bron i gyd wedi cyflwyno'u crefft i'r Duw nad adwaenai! Hyd ei fedd, fe gafodd ei ddal yng ngwyntoedd croesion ffaith a myth, gwyrth a realiti ein byd 'naturiol', sant a satyr, angel a phechadur. Gwelodd ei hoff ddinas yn cael ei masnacheiddio a'i thraddodiadau'n cael eu dymchwel, gan y gelyn o'r tu allan yn ogystal â'r difrawder Philistaidd o'i mewn. Hyn wedyn yn rhyw fath o alegori o'i bererindod ysbrydol.

Erbyn i mi ddod i'w adnabod, 'roedd ei anffyddiaeth ar drai. Ond ni chafodd na phorthladd na hafan o'r storm. Hynny, a chyfaredd ei berson, a drodd y daith yn anturiaeth ac yn fendith. Mae rhai yn gallu (neu'n methu) mynegi'r bererindod mewn geiriau. Er iddo wneud hynny hefyd mewn erthygl a chyfweliad, efo'i frws a'i fysedd y datguddiodd ei brofiad.

Fe gyfeiriwyd eisoes at y pypedau o gorff noeth yn ei stiwdio. Yn nechrau'r saithdegau, fe'u defnyddiwyd mewn cyfres o ddarluniau ar y thema 'Ni yw'r dynion gwag' (T. S. Eliot):

''Ryden' ni'n byw mewn cyfnod brawychus ac yn gwylio marwolaeth un math o wareiddiad. Weithiau, 'rwy'n teimlo fod yna ryw argyfwng ofnadwy yn ymyl. Mae'r byd wedi mynd yn wallgof'.

128

Mewn stiwdio a llyfrau o'i eiddo yn llawn o luniau a brasluniau'n dathlu harddwch gosgeiddig y corff, 'roedd symud i fyd ffigurau a modelau plastig yn un ffordd o gyfleu'r argyfwng hwnnw. Dyna, mae'n debyg, oedd ei wacter ystyr.

Y sioc fwyaf oedd sylweddoli fod ei ymchwil am ystyr a synnwyr wedi ei feddiannu'n llwyr yn ystod y saithdegau, hyd at ei farw yn niwedd yr wythdegau. Fe gawsom, mae'n wir, ambell awr ddiedifar o wledda ac o yfed o'r *Chianti* gorau yn y byd, gan ymollwng i ganu hen alawon yr Eidal a Chymru. O edrych yn ôl heddiw, 'rwy'n sylweddoli mai eiliadau o ddianc, o ymryddhau, oedden 'nhw. 'Roedd rhyw rym na fedrwn ei ddiffinio na'i ddirnad yn ei yrru tan y diwedd. 'Roedd ganddo dymer fel corwynt ac fe fyddai honno'n ffrwydro bob tro y ceisiwn ei ddarbwyllo i ymdawelu. Ei waith, ei obsesiwn, oedd yn ei gadw'n fyw. Hwnnw hefyd oedd ei unig wir dawelwch.

Fe dreuliodd ei flynyddoedd olaf efo'i ail wraig a'i fodel Rosella (hi yw Efa yn un o'i furluniau) mewn tŷ a fu'n eiddo i un o deulu'r Medici. Bum can mlynedd yn ôl, y teulu yma oedd yn llywodraethu gwleidyddiaeth y ddinas, yn gefn ac yn ysbrydoliaeth i'w hartistiaid. Y nawdd hwnnw a wnaeth orchestion Michelangelo a Leonardo da Vinci yn bosibl ac yn 'sbardun i'r Dadeni Dysg.

Mi fyddai Annigoni'n ystyried unrhyw gymhariaeth rhyngddo a nhw yn sarhad ar eu hathrylith. 'Roedd o wedi cael ei gyfareddu gan ehangder eu hysgolheictod, eu gwybodaeth fanwl-feddygol o'r corff, eu meistrolaeth ar ffurf ac, yn fwy na dim, ffrâm fawr, ddramatig y cynfas Cristnogol. Yma y mae Dafydd, cerflun cyhyrog Michelangelo a hanner gwên enigmatig Mona Lisa, yn ogystal â phlygion brad Swper Olaf Leonardo. Y canolbwyntio yma ar y bersonoliaeth unigol ac unigryw oedd un o gonglfeini y Dadeni. Yma 'roedd y meistri yn gweld y portread fel datguddiad o Drefn, o ddrama ddwyfol.

Yng ngwaith Michelangelo yr oedd hyn oll yn cyrraedd penllanw blynyddoedd o waith diarbed yn y nenfwd a thu ôl i'r allor yng nghapel y Sistine yn Rhufain. Genesis a Dydd Barn. Ac yng nghapel y Medici yn Fflorens am bedair blynedd ar ddeg, bu wrthi fel pensaer a cherflunydd yn dilyn yr un themâu maen a phren.

Fflorens. Mae'r sgwâr y tu allan i Basilica yn San Lorenzo yn ferw o ffair – stondin a nicnacs yr artisan. I fewn yn yr eglwys dywyll, ambell un yn penlinio, eraill yn eistedd gan syllu i gyfeiriad yr allor neu tua'r lluniau enfawr ar y mur. Mae yna le i osod cannwyll o flaen pob un ohonyn' nhw. Ynghanol un ochr i'r eglwys sy'n llawn o

Joseff a'r mab – Annigoni

weithiau artistiaid ddoe, mae Joseff a'r Baban Iesu, Pietro Annigoni.
Mae gen i gopi ar wal y parlwr. Ond 'fedra' i fyth ddal y tro cyntaf
hwnnw yng ngwyll canhwyllau San Lorenzo. Yno 'roedd Joseff y saer
yn ei weithdy, ysgwyddau sgwâr, cryf. Wyneb yn gymysgedd o'r garw
a'r tyner. O'i gwmpas, geriach gweithdy ac estyll du. Yn y cefndir,
stribed coch yn llafn ar draws y cynfas. 'Roedd y mab penfelyn yn
penlinio, a llaw fawr ei dad yn gorgyffwrdd â'i ben. Cefndir bygythiol
o ddu a choch. Saer cyhyrog, gwrywaidd. Plentyn penfelyn. 'Doedd
yma yr un awgrym o'r goruwchnaturiol, dim siffrwd angylion, dim
ffrils nefolaidd. Yna Eglwys Castagno D'Andrea – taith hanner awr o
Fflorens. A chofnodi'r hanes. 'Fe ofynnwyd i mi fynd i fyny i weld. Ar
unwaith, 'roeddwn i wedi dotio at y lle, y mynyddoedd, y coed a'r
creigiau. Ac unigeddau'r pentre bach a'r wlad o gwmpas. Mi ddwedais
i y buaswn i'n hoffi gwneud rhywbeth. Beth? Y croeshoeliad! A dyma
fi'n dychmygu'r Crist fel un o'r gwerinwyr i fyny fan 'cw yn y
mynyddoedd.'

'Sylwch ar yr hoelion. Nid ynghanol y llaw, ond wedi eu pwnio i
mewn i'r arddwrn. Byddai asgwrn y llaw yn cadw'r hoelion rhag
rhwygo trwy'r bysedd. A marw ar ei groes yn hytrach nag yn fwndel o
gorff wrth ei throed.'

Mi fyddai Leonardo a Michaelangelo mae'n siŵr yn cymeradwyo'r
cip bach treiddgar yna ar anatomi'r corff. Ond ar ôl i mi dreulio
diwrnod cyfan yn y Fatican, flynyddoedd yn ddiweddarach, yn edrych
ar y gwahanol bortreadau o'r Crist dros y canrifoedd, mae'r artist o
Fflorens wedi ei 'ddaearu' a'i ryddhau o bob gimic nefolaidd.

Ers yr ymweliad a'r cyflwyniad cyntaf hwnnw i'w waith, bu wrthi
yn y Basilica yn Padova ac yn Montecasino. Wrth ei weld am oriau
meithion ar ysgaffaldiau yn sodro'i gymeriadau ar y muriau, ni fedrwn
lai na meddwl am Michaelangelo yng nghapel y Sistine – yn aml yn
melltithio'i noddwr am osod y fath artaith o gomisiwn o'i flaen.
Gwyddwn hefyd fod Annigoni'n dioddef poen cefn a chymalau gan
lyncu tabledi i geisio'i liniaru. Pam? 'Am fod yn rhaid i mi!' Ac ni
chodai geiniog am y gwaith!

'Ryden' ni wedi cyrraedd tref fechan Ponte Buggianese, ddeugain
milltir i'r gogledd o Fflorens. 'Fedra i ddim byw mewn gwlad heb
eglwysi neu heb glochdy uwchben y tai a sŵn lleisiau'r llawr. Rhaid i
mi wybod fod offeiriad yno a bod rhywun yn gweddïo yn rhywle'.
Cyffes od gan un a fu unwaith yn eu casáu! Tref fechan sy'n ffitio'r
dyhead i'r dim yw Ponte Buggianese. Mae yno werin selog yn

Y Swper Olaf – Annigoni

ymgroesi a'r Tad Cortesi yn dipyn o offeiriad a gwleidydd yn goruchwylio'i buchedd a'i busnes.

'Yma, dros gyfnod o dros ddeng mlynedd, 'rydw i wedi gosod yr hyn sydd wedi cronni yn fy nghalon ers blynyddoedd, neu erioed efallai.' Dyna pam fod yr eglwys bellach yn orlawn o furluniau. Wrth gerdded i mewn, mae un ohonyn' nhw, *Y Claf o'r Parlys,* fel pe'n ein harwain at *Y Swper Olaf* sy'n llenwi'r wal y tu ôl i'r allor.

'Roeddwn i wedi gweld y brasluniau yn y stiwdio yn Fflorens. Yn anochel byddai'r sgwrs yn troi o gwmpas cymeriad Crist a'i ddisgyblion, y tyndra rhyngddynt ac o'u mewn, a holl arswyd y 'cyn canu o'r ceiliog fe fydd un ohonoch chi . . .' A braint fawr oedd cael gwahoddiad i dreulio rhai dyddiau yn Ponte Buggianese pan oedd y cyfan yn cael ei gwblhau. ('Rwy'n prysuro i ychwanegu na ches i ddim dylanwad ar y dehongliad. 'Doedd gen i mo'r wyneb ychwaith i ofyn am gael lliwio rhyw gornel fach ohono! Fe ddaeth y cyfle hwnnw'n ddiweddarach yn y Basilica yn Padova ond dim byd mwy uchelgeisiol na darn o awyr las yn y llun o'r Sant Antwn a'r pysgod!)

Fe recordiwyd llawer mwy nag a ddefnyddiwyd yn y stiwdio ac yn yr eglwys. Erbyn hyn, mae rhywun yn rhyfeddu at ei onestrwydd parod i ddatguddio y profiadau mwyaf ingol, yn syched ysbrydol ac yn amheuon. Roedd ein sgwrs ar y dechrau yn crynhoi o gwmpas y Crist a thri o'r disgyblion: Judas, Pedr a Ioan. Wrth draed Judas mae ci yn disgwyl yn ofer am friwsion o'r bwrdd ac yn ysgyrnygu ei siom. 'Dyw Judas ddim yn ymateb i angen anifail na chwestiwn Gwaredwr. Rhwng Pedr a'r Crist mae gagendor. Yn y gwacter hwnnw yn y mur, mae'r artist wedi torri crac sy'n ymestyn bob cam i nenfwd yr eglwys. Yno mae'r Apocalyps. Chwalfa. Diwedd byd. Fe ddigwyddodd rhywbeth rhwng Pedr a'r Crist a chwalodd gread a chyfathrach. Mae pen Ioan, y disgybl annwyl, yn pwyso ar fraich chwith yr Iesu. Rhag ofn i'r anghydffurfiwr anuniongred sydd ynof fi fynd ati i ddarllen 'i mewn' ddehongliad cyfleus, fe ges i ddarlleniad yr awdur:

'Mae pob un o'r disgyblion mewn cysylltiad corfforol â'i gilydd – yn llaw, yn fraich, penelin neu ran arall o'r corff. Mae'r gadwyn honno'n cael ei thorri rhwng Pedr a Christ. Pedr y graig yr adeiladwyd yr eglwys arni. Mae'r ddau yn agos ac eto ymhell. A'r pellter yn drychinebus. Gwadu deirgwaith. Pedr yw'r eglwys, y sefydliad. A stori'r oesoedd yw stori'r gwahanu dwfn rhwng y Crist a'r gyfundrefn sy'n cario'i Enw. Ond fe ddaeth Pedr, yn y diwedd, yn ôl dros y gwagle. Ein cael ein hunain yn Ei ymyl, yn rhan ohono, ydi'r gamp o hyd. Dyna'n brwydr ddyddiol, boed sant neu bechadur.

'Ioan yw'r disgybl annwyl. Dynol, cariadus. Ymollwng digymrodedd a digwestiwn ffydd a chred. Corff a phen Ioan yn unig sy'n rhan o gorff Crist! Mae o hefyd yn gosod ei law ar law ei Arglwydd – ymateb cwbl ddynol i geisio lliniaru dicter a siom.

'Rwyf finnau'n rhan o'r ymchwil grefyddol yma. A chael o'i mewn broblemau dwfn ein dynoliaeth. Heb fod fy hunan yn grediniwr bodlon 'rwy'n cael fy hudo ganddi. Brwydr yw hi, brwydr ffydd. Heddiw, ffolineb yw ceisio byw heb frwydr felly. Brwydr dragwyddol ydi hi. Fedr neb ddweud, 'Rwyf wedi gorchfygu Crist unwaith ac am byth.' Dw'i ddim yn gallu deall na dygymod ag anffyddiaeth – hyfdra gwag yw hynny imi. Dw'i ddim ychwaith yn agnostig mwy. 'Rwy'n teimlo bod yn rhaid imi ddarganfod rhywbeth yn yr hen hen stori yma. Mae ysbrydoliaeth yn y frwydr a'r chwilio. Rhwng cred ac anghred, mae yna diriogaeth bwysig a chreadigol i ddatblygu syniadau . . . Wedi'r cwbwl, wyneb yn wyneb ag angau a thragwyddoldeb, mae 'na sawl PAM?'

*   *   *   *

'Roedd un daith arall ar ôl. Llyn Massacuccoli, sydd â'i ddyfroedd yn arwain trwy'r hesg i'r môr yn Viareggio. Bu'n dod yma ar hyd y blynyddoedd a threulio'r oriau yn ei gwch yn s'mera a physgota. Am resymau hollol wahanol, bu'r diwrnod hwnnw hefyd mor sagrafennaidd â dim a ddigwyddodd yn eglwysi Twscani. Dim cymhlethdod. Dim hunanholi na gwrando am y llais sy'n cyfeirio'r llaw i bared a brws. Dim ond llonyddwch llyn a'r haul yn wincio rhwng yr hesg.

Fe fu iddo gyfaill oes, Riccardo Noferi. Deuai'r ddau yma i bysgota ac i ddringo'r mynyddoedd glas. Ar yr ail o Chwefror 1968, 'roedd y ddau'n dychwelyd adref am un o'r gloch y bore ar hyd y Viale dei Colli yn Fflorens. Bu damwain. Lladdwyd Noferi a chafodd Annigoni niwed difrifol i'w ben gan golli ei glust chwith. Yn y saithdegau fe gyhoeddwyd argraffiad cyfyngedig o lythyr a anfonwyd gan Annigoni o Ganada at ei gyfaill. Yn y llythyr hwnnw, mae'n hiraethu am gael bod yn ôl unwaith eto ar eu hoff lyn.

'F'annwyl Riccardo,
'Theimlais i ddim hiraeth am Fflorens ond am orffennol na ddychwel mwy. Hiraeth sydd â'i galon yn Llyn Massacuccoli ac o gwmpas Viareggio, am yr hesg llwyd sy'n dal tân olaf yr haf, hesg aur a rhydlyd sy'n troi'r dyddiau dwl yn ddyddiau diddanwch, yn dawnsio hyd yn oed tan wynt y gogledd. Hesg du, mewn mwrning, yn sibrwd eu gweddïau yn nhywyllwch y noswylio sydyn. Hiraeth am fachlud

swil eiliadau olaf y dydd a'r niwl yn mynd ac yn dod. Cofio'r gwallgofrwydd hwnnw yn cydio llaw wrth law a'th lais yn dod o'r pellter fel y noson o'r blaen.

Gallai rhywun ddweud mai hiraeth meddwyn ydi hwn. Ond be' maen' nhw'n wybod am feddwdod? Mae 'na lifogydd, afonydd, llynnoedd a moroedd o win sy'n goch gan fachlud. Ie, hiraeth am yr amser a dreuliwyd ar y glannau gwynfydedig hynny yw fy hiraeth i, am amser a dreuliwyd yn adeiladu teganau ac yn codi cestyll tywod.

Ac yn awr, Riccardo, 'rwy'n dweud, Nos Da a Ffarwel.

PIETRO.'

*   *   *   *

Mae brawddeg neu ddwy o un llythyr arall i gloi'r bennod – y llythyr olaf i mi o Fflorens. Yn fuan wedyn 'roedd Pietro Annigoni yn ei fedd:

'Mae'r gaeaf oer a gwlyb yn cydredeg efo gaea' arall o'm mewn, a'r gwynegon yn dod â'i lwyth o boen. Eto, 'rwy'n dal i weithio. Gwyrth.
Mae henaint, fel y môr, yn gwneud y gweld a'r glanio'n anodd. Ond mae ambell ynys yn y golwg o hyd. Ac mae'r agosaf un, ynys Pedr a Gwyn i'w gweld yn glir. 'Rwy'n edrych arni'n aml. Hyd byth, Pietro.'

Mi garwn feddwl iddo fynd ar ei fordaith olaf yn sŵn ei Gathedral, y dôn *Llef*:

'Mi garia'r groes, mi nofia'r don,
Ond cael Dy anian dan fy mron.'

Nos Da, Pietro.

Marwolaeth nid yw'n Marw

(Golygyddol y Cylchgrawn *Barn*)

O'r Eidal, 23 Mai, 1978

Aldo Moro (Arweinydd y Democratiaid Cristnogol)

Wrth gerdded strydoedd Fflorens a daear Twscani y dyddiau yma, loetran mewn ambell sgwâr, sgwrsio â rhai cyfeillion – rhywle ymhlith y môr o wynebau mae'n siŵr fod un o aelodau'r Frigâd Goch neu o leiaf rywun a fyddai mewn llawn gydymdeimlad â hi. Nid chwilio yr yden ni am y gwallgof a'r bersonoliaeth droedigbatholegol yn unig ond am gynrychiolaeth o'r genhedlaeth rhwng yr ugain a'r deugain. Unigolion a gafodd gartrefi da a'r addysg orau, a rhai ohonyn nhw bellach mewn swyddi diogel gan fyw (yn allanol o leiaf) yn normal a llawn. Eto, o'u mewn, yn corddi hyd at ddistryw gan ofynion diamynedd, digyfaddawd eu Caersalem newydd. I sicrhau dyfodol honno rhaid aberthu popeth, ond yn groes i ofynion Crist, aberthu rhywun arall i ddechrau ac yna, os oes raid, fe ddaw'r hunanaberth.

Mae'r byd bellach, a mwyafrif llethol pobl yr Eidal yn eu hetholiadau diweddar, wedi mynegi'n ddigon pendant eu barn am lofruddio Aldo Moro. Mae creulondeb arteithiol y peth wedi ei fynegi'n llawn – y marw araf, y bargeinio, y saethu a'i dilynodd wedyn yn strydoedd Milan, Twrin a Bologna. Mae'r Pab wedi llefaru dros ei Eglwys a thros un a oedd yn gyfaill agos iddo; prifweinidogion y byd wedi amlygu pob cydymdeimlad, a'r ddwy blaid fawr yn yr Eidal, y Democratiaid Cristnogol a'r Comiwnyddion, wedi uno yn y gri dros warineb a chyfrifoldeb, ac wedi profi, gobeithio, fod ymgais y Frigâd Goch i geisio creu adwaith Ffasgaidd a fyddai yn ei dro yn arwain i sefyllfa chwyldroadol newydd – wedi methu. Defnyddiwyd holl rym newyddiadurol y cyfryngau hefyd i hoelio sylw ar bob ystum emosiynol a chorfforol – y Scorpion o Tsiecoslofacia (o bobman) sy'n gallu saethu 750 bwled mewn munud, a'r un ergyd ar ddeg a anelwyd nid at galon Moro ond o'i chwmpas rhag ofn iddo fynd yn rhy fuan.

Ddoe

Os oedd angen rhyw fath o bersbectif hanesyddol – roedd hwnnw ar gael hefyd. Onid Siapan, yr Almaen a'r Eidal oedd y gelynion yn y rhyfel – a dyma nhw eto â'u baneri, eu bomiau a'u hoffer trais.

Os oedd angen mynd yn ôl ymhellach na hynny – wel, beth amdani? Llofruddiwyd Cesar a saith o'r wyth ymherawdr a'i dilynodd. Yn wir, dim ond 29 allan o'r 81 ymherawdr a fu farw'n naturiol. Yna, yng nghyfnod Machiavelli roedd gan y Dug Cesare Borgia ei ffordd ddiseremoni o ddileu unrhyw wrthwynebiad. Yn y bedwaredd ganrif ar bymtheg fe gawn ymgais aflwyddiannus Oberdan i ladd Franz Joseff o Awstria-Hwngari. Dedfrydwyd Oberdan i farwolaeth a daeth yn arwr yr Eidal newydd.

Yn 1900 saethwyd a lladdwyd y Brenin Umberto'r Cyntaf gan yr anarchydd Gaetano Breschi ac yn 1924 lladdwyd yr arweinydd sosialaidd Matteoti gan griw o ffasgiaid. Saethwyd Mussolini a'i feistres a'u crogi y tu allan i garej ym Milan yn 1945. Tair blynedd yn ddiweddarach ymgais aflwyddiannus i ladd (eto gyda bwled) yr arweinydd Comiwnyddol Togliatti.

O ddiogelwch cymharol ein byd ni, o fewn tystiolaeth ein traddodiad heddychol, 'cyfansoddiadol', a'i ddemocratiaeth ymddangosiadol, mae'n anodd iawn deall na dirnad beth yw natur yr ynfydrwydd hwn. Mae o'r un fath â'r gwynt du a ddaw'r adeg yma o'r flwyddyn o gyfeiriad y Sahara trwy wledydd y Canoldir a throi meddwl ac ysbryd i gyfeiriad gwallgofrwydd ac ansadrwydd (ac os ydech chi am gysylltu'r gweithgarwch treisiol â'r calendr – rhywle rhwng Ebrill a Gorffennaf y digwyddodd y rhan fwyaf o'r digwyddiadau uchod).

Nid oes angen llawer o ddoethineb na rhesymeg i sylweddoli pen draw apocalyptaidd unrhyw fudiad gwleidyddol sy'n credu fod ganddo'r hawl i saethu neu i fygwth y sawl sy'n digwydd anghytuno ag ef.

Pa mor effeithiol bynnag yw dulliau cudd y celloedd treisiol hyn, ni all neb ychwaith yn ei iawn bwyll anghytuno â'r penderfyniad i wrthod bargeinio o gwbl. Pen draw hynny yw'r posibilrwydd cryf y bydd rhywun arall yn cael ei gipio o'i le yfory â gwn wrth ei ben am fod nythaid o garcharorion yn rhywle am gael eu traed yn rhydd.

Dyna fyrdwn synnwyr cyffredin y byd i gyd – bron.

Y Wasg

Diddorol felly oedd sylwi ar ymateb y wasg yn yr Eidal i ddrama Moro. Wrth gwrs, roedd y pwyslais sylfaenol ar fryntni'r cyfan. Ond roedd mwy. Un papur yn atgoffa'r darllenydd ddiwrnod angladd Moro yn Rhufain o dabled yn y Piazza del Popolo:

> 'Er cof am y Carbonari – Angelo Targhini a Leonida Montanari a wynebodd yn dangnefeddus y ddedfryd o farwolaeth gan y Pab. Heb brawf, heb amddiffyniad ar yr 23ain o Dachwedd 1825. Gosodwyd y plâc gan y Mudiad Democrataidd fel rhybudd.
>
> Mehefin 2, 1909'

Yna, prif olygydd *Il Messagero* wrth sôn am y ffordd orau o anrhydeddu Moro:

> 'Nid yw dagrau'n ddigon. Rhaid i ni ei anrhydeddu trwy ddyrchafu'r wladwriaeth a'n bywyd gwleidyddol. Rhaid agor gorwelion newydd i'r ifainc a rhoi mwy o gyfle ac o gyfrifoldeb i'r bobl.'

I ni yng Nghymru mi fyddai geiriau Georgia Bocca, sylwebydd gwleidyddol y *La Republica,* hefyd yn taro tant cyfarwydd:

> 'Mae'r elfen oddefol *(permissiveness)* yn yr ysgolion, y wasg, y radio a'r teledu wedi dilyn yr un elfen yn ein gweinyddiaeth gyhoeddus ymysg y dosbarth sy'n llywodraethu, yn y ffordd y mae corfforaethau mawr y wladwriaeth yn cael eu rhedeg, gan ddileu ein tir a dinistrio ein dinasoedd. Byddem yn ddall i beidio â gweld mai yma y gorwedd poen ein cenedl – fod yn rhaid diwygio ein holl beirianwaith o gynhyrchu ac o ddosbarthu. Os mai dyna'r dasg sydd o flaen y pleidiau mawrion, yna dylent wynebu hynny'n syth gan ddechrau trwy gydnabod y camgymeriadau y dylid eu cywiro ar unwaith.'

Mewn cyfweliad i Epoca dyma eiriau Guiseppe Saragat, Cyn Lywydd yr Eidal:

> 'Mae yna ddirywiad dwfn yn holl adrannau bywyd yr Eidal. Rwy'n gweld llygredigaeth ymhob man. Rhaid gosod y cyfrifoldeb wrth ddrws ein harweinwyr gwleidyddol a diwylliannol, newyddiadurwyr a dynion busnes. Mae'n argyfwng ar y gwerthoedd hynny sy'n gwneud bywyd yn werth ei fyw – rhyddid a chyfiawnder.'

I rai yr oedd Aldo Moro yn obaith am ei fod yn gyfaddawdwr mewn gwlad lle mae cyfaddawd, erioed, wedi bod yn anathema. I eraill (ar y chwith a'r dde) roedd yr holl syniad o geisio creu deialog ymarferol rhwng y Democratiaid a'r Comiwnyddion yn weithred fradwrus. Ac i bobl felly sy'n gweld bywyd a dewis yn nhermau du a gwyn ideolegol, roedd Moro'n cynrychioli'r *status quo* – a'r amharodrwydd i newid dim. Iddyn nhw, cynllwyniwr, *operator* gwleidyddol oedd o, – gwas gwladwriaeth sydd yn llygredig-gyfalafol a gweithred angenrheidiol oedd ei ladd. Dyna yw hanes mudiadau chwyldro drwy'r byd. I Renato Curcio yn ei garchar yn Turin, neu Enrico Traco yn Rhufain, nid gwerthoedd 'mae pob bywyd yn gysegredig' sy'n llywodraethu ond tacteg y pragmatig, diamynedd, sy'n gweld yfory'n rhy hir yn dod.

Y Llysoedd

Yn y llys barn yn Turin, y cyfreithiwr yn amddiffyn oedd Giandrea Giordano, ond cyn iddo gael cyfle i ddweud dim yr oedd Curcio ar ei draed:

'Fe ymddengys i ni (Y Frigâd Goch) eich bod chi (Giordano) yn byw y tu allan i hanes. Dyden ni ddim yn cydnabod y dyn yma. Cynrychiolydd y wladwriaeth yw Giordano – ein gelyn, a gelyn sy'n cynrychioli dosbarth.'

Ac yna, gan droi at Giordano:

'Dyden ni ddim hyd yn oed yn eich adnabod.'

A gyda'i gilydd:

'Does ganddon ni ddim i'w ddweud. Does gan neb hawl i siarad yn enw ein ideoleg ni.'

Ac yn y blaen . . .

Mae'r wladwriaeth yn alltud, mae'r gyfundrefn weinyddol a chyfreithiol yn alltud. Ffârs felly yw Llys Barn. Ar lefel dra gwahanol fe gafwyd dadl debyg yn llysoedd Cymru.

Pan oedd Moro'n cael ei gladdu roedd llys barn arall yn cael ei gynnal yn Rhufain i edrych i mewn i holl sgandal y cwmni Americanaidd Lockheed a'i lwgrwobrwywyr yn yr Eidal. Gerbron y Llys yr oedd Ovidio Lefebvre, chwe deg wyth oed. Roedd ei frawd Antonio eisoes yn y carchar: y ddau yn wyrion i un o ysgolheigion disgleiriaf yr Eidal a ysgrifennodd glasur o lyfr ar *La Divina Commedia* Dante. Comedi ddwyfol yn wir!

Cri'r Cyrion

Symptomau o afiechyd yw'r bwledi. Er fod natur fflamboeth yr Eidalwr a'i hanes yn wahanol i ni, erys y wers i bawb. Y wladwriaeth (neu'r eglwys) haearnaidd, yr unedau mawrion rhyngwladol, y fiwrocratiaeth gudd, y cysylltiad amheus rhwng diwydiant a gwleidyddiaeth, yr amharodrwydd i agor llyfrau ac i fod yn atebol, yr amheuaeth nad yw y gyfundrefn gyfalafol yn newid hyd yn oed wrth newid llywodraeth, yr ofn hefyd fod y gyfundrefn yn gallu dygymod â – ac yn gallu sugno i mewn – y rebel mwyaf: hyn sy'n creu *drop-outs* cyfoes. Weithiau mae'n nhw'n defnyddio bomiau a bwledi; dro arall am eu bod nhw'n wannach – pigiad neu dabled – i dawelu pob gofid a phrotest. A golygfa drist heddiw yw gweld bob dydd a nos ar yr Hen Bont yn Fflorens glystyrau o bobl ifainc yn eistedd ac yn gorwedd o flaen siopau mwyaf moethus y byd – wedi rhoi fyny bob gobaith, yn gwenu'n wag ar bawb sy'n mynd heibio, yn ceisio gwerthu cynnyrch eu crefft annigonol i dalu am y pigiad neu'r mygyn nesaf, neu'n ceisio strymian gitiâr am Guevara ac am gariad. Wrth gwrs fod rhan o'r cyfrifoldeb arnyn nhw. Mae rhan hefyd ar ysgwyddau'r pwerau sy'n trefnu ac yn deddfu ac yn llywodraethu.

Ond os yw unrhyw wleidydd neu ffigur cyhoeddus yn darged am ei aneffeithiolrwydd neu ei lygredigaeth, nid bwled ond y bleidlais yw'r unig ateb sydd yn y pen draw yn mynd i'n cadw rhag gwaedu i farwolaeth. Yr awel a ddaw o gyfeiriad y Sahara (neu o'r dwyrain) sy'n mynnu credu'n wahanol.

I wlad sy'n ddwfn o hyd yng ngafael meddylfryd y Groes – a'r marw a'r atgyfodiad – gall tranc Moro olygu rhywbeth gwahanol eto: iddo yn ei ffordd a'i amser ei hun wneud iawn am ei holl bechodau . . .

Ond cwestiwn arall a boenai fam i filwr a fu farw o'r cyffur *heroin* ac a ddyfynnwyd yn *La Stampa:*

'Marco, fy mab, be ddigwyddodd i ti? Am beth oeddet ti'n chwilio, na fedren ni, a oedd yn dy garu, mo'i roi i ti?

Nid oes raid i'r chwyldroadwr cyfoes boeni am werth bywyd unrhyw unigolyn – nid yw'n rhan o'i foeseg na'i ffydd. A 'dyw'r Bregeth ar y Mynydd ond yn embaras amherthnasol i'r gŵr sy'n gweld casineb yn amgenach pŵer i chwalu teyrnasoedd a sefydliadau.

Ond mae cyfrifoldeb affwysol ar y lleisiau hynny yn ein byd sy'n dal i geisio pwysleisio gwerth yr unigolyn a chysegredigrwydd yr 'oll'. Nid tynged Mario a Moro yn unig sydd yn y fantol, ond y marw arall hwnnw sy'n tynghedu addewid a thalent i gors anobaith pwerau economaidd neu yn dywyllwch canol dydd mewn gwersyll ffoaduriaid.

Weithiau mae bwled a bom yn lanach, yn garedicach, tranc na phydru.

Ilse

Mewn bws mini yr oedden ni ar ein ffordd i wersyll angau Dachau ar gyrion Munich yn Mafaria. Un o filwyr yr SS oedd y gyrrwr, Iddew o Loegr oedd y cyfarwyddwr ffilm a merch o Berlin, Ilse, oedd yn ein tywys. Pwrpas y rhaglen honno yn 1973 oedd ceisio dweud rhywbeth, mewn gair a llun, am ddechreuadau Natsïaeth yn y gornel honno o Ewrop ddeugain mlynedd ynghynt.

'Roeddem ni eisoes wedi bod yn crwydro strydoedd Munich ac wedi treulio p'nawn mewn gardd o gwrw melyn a selsig. Minnau wrth un o'r byrddau'n ceisio dweud gair neu ddau i'r camera. Ynghanol holl gyfeddach chwyslyd y boliau Bafaraidd, sylwodd un o'n criw fod un o'r bwrdd cyfagos wedi rhuthro tuag ata' i o'r tu cefn. Fe'i hataliwyd ar y funud olaf. Hwyrach fod yr iaith ddieithr wedi ei aflonyddu a bod rhywun estron yn gwaradwyddo'i bobl. [Fel yna'n aml y byddwn ni'n trafod yr annealladwy.] Mewn gerddi cwrw fel hyn, mae'n siŵr, y taniwyd teimladau a rhagfarnau'r mob yn nechrau'r tridegau. Hwnnw, wedyn, yn ymarllwys allan i'r strydoedd i dargedu pob seren Iddewig a phob anghydffurfiwr.

Yn y bws, 'roedd drama arall annisgwyl – y gyrrwr, yr Iddew ac Ilse mor gyndyn â'i gilydd i ymweld â Dachau. Y gyrrwr fel un o ffyddloniaid Hitler yn gwrthod credu bod yr holocawst wedi digwydd o gwbl, a dal mai propaganda Iddewig oedd y cyfan. Ac mi ges ganddo hefyd yr hen ddadl gyfarwydd fod yr Iddew, beth bynnag, yn elyn i'w wladwriaeth. Arall oedd cyndynrwydd Mark, yr Iddew. Bu rhai o'i dylwyth yn Dachau, a gwyddai am yr arbrofion, yr arteithio a'r cynhaeaf o aur o fysedd ac o ddannedd ei genedl. Lle wedi ei halogi oedd Dachau iddo ef.

'Roedd anesmwythyd Ilse yn wahanol eto. Merch ifanc oedd hi wedi ei geni ar ôl y rhyfel. Ni fu hi yn rhan o'r mudiad Natsïaidd o gwbl. Er hynny, wyneb yn wyneb â stori gwersylloedd fel Dachau, fe fu ei theulu a'i phobl yn rhan anochel o'r hanes. Gwyddwn hefyd fy mod i unwaith eto yn clywed protest ac amddiffyniad oedd wedi codi pen mewn sawl seiat yng ngwersyll 118 gynt. O fewn unrhyw

Dachau

wladwriaeth, ymhle yn hollol y mae gosod y cyfrifoldeb am ei pholisïau? Yn hanes cenhedlaeth Ilse, 'roedd y cyfan wedi digwydd cyn iddi fod yn ddigon hen i gyfrannu neu i ddeall. Eto i gyd, 'roedd yma euogrwydd a chywilydd. Am resymau gwahanol iawn i'r Iddew, Mark, daear halogedig oedd Dachau i Ilse hefyd. Gwyddai bellach fod rhai wedi talu'r pris eithaf am geisio gwrthsefyll Natsïaeth. 'Roedd hynny'n profi bod modd ymwrthod â thalu'r pris eithaf. Bu eraill yn dawedog o ddiymadferth am nad oedd modd newid y drefn. Pe bai hi a'i chenhedlaeth wedi bod yn 'sgidiau eu rhieni, beth fydden' nhw wedi ei wneud? Hyd yn oed pe baent wedi gwybod am Dachau neu Auschwitz, a fyddai'r stori'n wahanol?

Yn nrysni Ilse a chwmni thebyg yn y Fenni, fe'm gorfodwyd innau hefyd i ddod i delerau â gormes a rhagfarn. Yma gwelsom yr ystadegau. Miloedd ar filoedd o ddeallusion, o Undebwyr Llafur, o Gomiwnyddion, o offeiriaid Pabyddol, ac wrth gwrs, Iddewon. Y cam cyntaf tuag at wladwriaeth ormesol a chymdeithas gaeth yw dileu'r deall, chwalu pob bygythiad economaidd, gwleidyddol neu grefyddol – a diriaethu'r pwerau peryglus hynny fel gwrthrychau i'w dilorni a'u dileu. Wedyn gosod Goebbels a'i debyg i ofalu bod yr holl gyfryngau cyfathrebu yn martshio i'r un diwn. Y cam cyntaf a'r pwysicaf yw creu bwgan i'w gasáu. Wedyn, sicrhau fod ideoleg gyfleus i gyfiawnhau'r targedu. Mi fydd yna ymhob cymdeithas ddigon o bobl rwystredig, gwyrdroëdig a sadistig i falu'r ffenestri, i lusgo'r 'euog' o'i gartref, i daro'r sawdl ar ei dalcen neu'r gyllell yn ei gefn. A mynd adref dan ganu am fod yna lai ar ôl o elynion y gwareiddiad gwell a'r hil amgenach.

Yn Nuremberg, fe geisiodd Goering danseilio swyddogaeth a hygrededd y tribiwnlys efo'r geiriau: 'Ein hunig drosedd oedd colli'r rhyfel'. Na! 'roedd eu trosedd yn fwy na hynny. Ond mi fyddwn yn anonest ac yn naïf iawn pe ceisiwn ddarbwyllo Ilse 'mod i'n perthyn i frid sydd uwchlaw creulonderau o'r fath – nad oes yn ein hanes mewnol ni ddim sôn am erlid offeiriaid a phroffwydi i'w stanc nac yn ein saga ymerodraethol ni ddim dilorni ac arteithio y rhai a anwyd i farw fel caethweision. Mae graddau mewn drygioni, mae'n siŵr. Ond ymhle mae'r genau a'r dwylo glân?

*   *   *   *

Bellach fe agorwyd pyrth yr holl wersylloedd angau led y pen. Trodd yr uffern honno yn ddiwydiant o atgofion, o ddyddiaduron a ffilmiau. Bu'r llwch ac esgyrn yn obsesiwn i feirdd a llenorion. Hanner can mlynedd yn ddiweddarach, ni fydd wythnos yn mynd heibio ar y sgrin fach neu fawr heb ryw bwniad arall o'r 'Nac anghofiwch hwn'.

Do, mi fuom ninnau yno efo'n hoffer. Yn griw bach ymhlith eraill yn edrych unwaith eto ar y fynedfa a thŵr y gwyliwr. A methu dod o hyd i'r geiriau. Taith un ffordd ydi'n marw ni i gyd. Ond ddim fel hyn.

O leiaf fe gawsom ni ddychwelyd o Dachau.

Winifred

Cyn gadael Bafaria, 'roedd yn rhaid dilyn un trywydd arall. Yn gam neu'n gymwys, cysylltwyd cerddoriaeth Richard Wagner â'r mudiad Natsïaidd o'r dechrau ac yr oedd Hitler yn ymwelydd cyson â chartref a chanolfan y teulu yn y Wahnfried yn Bayreuth. Yno, hyd heddiw, fe berfformir operâu Wagner gan rai o gantorion ac arweinwyr gorau'r byd. Yno hefyd y mae stori y cyfarfod, y cyfweliad a'r rhaglen a gollwyd!

'Dw'i ddim yn gwybod yn iawn pryd y clywais i gyntaf am Winifred Wagner. Fel merch amddifad, fe'i mabwysiadwyd gan bianydd o'r enw Karl Klindworth, cyfaill agos i'r Wagneriaid. Aeth â hi efo fo ar un o'i ymweliadau â Bayreuth – hyn yn ystod blynyddoedd cyntaf rhyfel 1914-1918. Unig fab Richard Wagner, Siegfried, fu'n gyfrifol am y perfformiadau o 1906 hyd ei farw yn 1930. (Bu'r lle ar gau o 1916 hyd 1924.) Er bod Siegfried yn ddigon hen i fod yn dad iddi, fe'i hudwyd gan ei harddwch a phriododd y ddau. Yn ei thro, ar waethaf ei nain yng nghyfraith benstiff Cosima (merch y pianydd a'r cyfansoddwr Liszt) daeth Winifred i lywodraethu yn y Wahnfried.

Ond pwy yn hollol oedd hi? Ymhob llyfr a ddarllenais i am hanes y teulu athrylithgar a stormus hwn, fe gyfeirir ati fel Saesnes. Eto, 'roeddwn wedi clywed neu ddarllen yn rhywle ei bod hi'n dod o Gymru ac mai Williams oedd ei chyfenw. Pe bai hynny'n wir, mi fyddai'n werth turio ymhellach.

Cyn cychwyn ar y daith i Munich a Dachau, 'roeddwn i wedi anfon gair ati yn gofyn am ei chefndir ac am y posibilrwydd o fynd draw am sgwrs. Yn fwyaf penodol, ai Cymraes oedd hi? Daeth yr ateb yn Saesneg: 'Wrth gwrs fy mod yn Gymraes – fe'm ganwyd yn Sir Frycheiniog. Peiriannydd oedd fy nhad'. Gwrthododd gyfweliad a'r posibilrwydd o lunio rhaglen am 'resymau personol'. A minnau bellach o fewn cyrraedd, dyna roi un cynnig arall arni mewn galwad ffôn. 'Gawn i gipio draw i'w gweld? 'Na' terfynol oedd yr ateb, ond y byddai'n falch o'm croesawu.

'Rwy'n gofidio erbyn hyn na fyddwn wedi mynd draw i Bayreuth i'w gweld. O ddod wyneb yn wyneb, pwy a ŵyr?

Richard Wagner   *Winifred a Hitler*

Daeth holl arwyddocâd y diffyg cyfarfod hwnnw yn amlwg iawn beth amser ar ôl hynny. 'Roeddwn wedi picio i fyny i Lundain i weld y cerddor a'r arweinydd, Wyn Morris. Fe'm cyflwynwyd i wraig ganol-oed osgeiddig, bryd-golau. Ei henw – Friedelind, merch Winifred a Siegfried Wagner! O weld lluniau o'i thaid, 'roedd esgyrn ei hwyneb a lliw ei gwallt yn brawf digonol o'i thras. Trwyddi hi, a'i llyfr *The Royal Family of Bayreuth,* y daeth holl stori anhygoel ei mam yn fyw: stori'r ferch amddifad a ddaeth yn frenhines gŵyl fawr ac etifeddiaeth ei thaid, yn arweinydd, yn gynllunydd, yn rhedeg y sioe gyda chymysgedd o gyfrwystra ac awdurdod haearnaidd. A mwy. 'Roedd hi'n un o ffrindiau agosaf Adolf Hitler a'i barti. Bu'n hael a charedig wrtho yn ei ddyddiau yng ngharchar ac yn rhoi croeso agored iddo fentro i lwyfan y byd, cyn i'w fwriadau fagu arfau a chrynhoi'n eiriau yn ei *Mein Kampf.* Ac fe gofiai Friedelind, a hi yn blentyn, am ei ymweliad cyntaf:

"Roedden ni wedi disgwyl am hydoedd. 'Roedd mam yn siarad efo 'nhad, gan ddweud mor rhyfeddol oedd y gŵr ifanc yma. Aeth fy mrawd Wolfgang i'r drws ffrynt i weld y car modur yn dod i fyny drwy'r castanwydd. Allan ohono, fe ddaeth gŵr ifanc, a dod tuag atom. Edrychai ychydig yn goman mewn trowsus lledr, sanau gwlân trwchus, crys coch a glas, a siaced fer. 'Roedd ei esgyrn i'w gweld drwy ei ruddiau gwelw. Glas annaturiol oedd lliw ei lygaid. 'Roedd o'n edrych fel un ar lwgu. A rhywbeth arall hefyd – rhyw wrid, rhyw wawl ffanatig o'i gwmpas.

Yn ddiweddarach soniodd wrth fy rhieni am y *coup* fyddai'n ei gario i rym . . . 'Roedd mam wedi ei chyfareddu:

'Dych chi ddim yn meddwl mai hwn yw gwaredwr yr Almaen?' meddai. Chwarddodd 'nhad. Nid oedd y dyn ifanc, efo'i ysgerbwd o gorff, wedi gwneud unrhyw argraff arno.'

*   *   *   *

Soniodd Friedelind Wagner hefyd am un cyfarfod arall. Yn wahanol iawn i'w mam, bu'r tridegau yn yr Almaen yn hunllef iddi. O weld cymylau'r rhyfel yn crynhoi, dewisodd adael Bayreuth a'r Almaen. 'Roedd ei mam, yn ogystal â Hitler a Heinrich Himmler, pennaeth yr S.S., yn amheus iawn o'i hagwedd a'i chynlluniau.

Gwnaeth Winifred un ymdrech olaf i berswadio'i merch i ddychwelyd i'w gwlad enedigol. Trefnwyd cyfarfod yn Y Swistir. 'Roedd hi wedi dod i'w gweld gyda chaniatâd ac anogaeth bersonol Hitler a'r addewid y byddai'n ddiogel er ei datganiadau a'i phenderfyniad i ddewis bywyd alltud. Wrth weld nad oedd hynny'n tycio, dyna droi at fygythiad y geiriau 'Austilgen und Ausrotten', dinistrio a dileu – geiriau cyfarwydd y parti a'r polîs. A merch yn methu dirnad sut y gallai mam fyth feddwl am ddefnyddio'r fath ymadroddion fel arfau perswâd.

Yna, un cynnig taer arall, nid 'er mwyn y wlad ond er fy mwyn i. Mae d'angen arna i . . .'

Y ddwy yn sefyll ar orsaf Zurich. A Friedelind yn gwybod yn yr eiliadau hynny y byddai'r ddwy ohonyn' nhw wedi rhoi'r byd yn grwn pe medren' nhw ddileu'r gorffennol a dileu gormes yr ideoleg hyll a'u gwahanai.

Diflannodd y trên ynghanol dagrau diedifar y ddwy.

Ac wrth wrando'r stori, mi wyddwn innau hefyd i mi golli seiat brofiad efo un o ferched amddifad mwyaf rhyfeddol y ganrif.

O! Israel

Pe bai'r camera a'r offer recordio ar gael yn nyddiau'r Crist, tybed beth fydden' nhw wedi ei gofnodi mewn llun a llais?

Dyma ddau ddigwyddiad. 'Canys gwelsom Ei seren Ef yn y dwyrain'. A chaniatáu bod seren arbennig wedi ymddangos, a fyddai hi'n wahanol i bob seren arall? A fyddai'r lens a'r gohebydd wedi sylweddoli ei harwyddocâd ar y pryd? Neu, y dyddiau hynny wedi'r croeshoelio, a dirgelion y chwilio amdano, 'Ni a welsom yr Arglwydd'. A fyddai'n hoffer a'n technoleg wedi gallu dal y 'gweld' hwnnw? Mae'n amlwg ein bod ni'n sôn am ddau fath gwahanol o weld.

'Roedd y bererindod i Israel yn cloi chwarter canrif o raglenni. Cyn mynd, 'roeddwn i'n gyfarwydd â phrofiadau nifer o ffrindiau a fu yno'n grwpiau bychain. Fel fi, plant yr Ysgol Sul oedd llawer ohonyn' nhw, a'r Iorddonen, Jerusalem, Bethlehem, Capernaum a Môr Tiberias mor gyfarwydd â dŵr a daear Cymru, er nad oedden ni ddim wedi bod yn agos atyn' nhw. 'Roedd un gwahaniaeth mawr. Mi fedrai'r camera dynnu llun y tirlun Cymreig. O edrych ar y darlun gwrthrychol, gallwn adnabod y lle. A minnau erioed wedi bod yn Israel, er y byddai darluniau ohoni mewn ambell lyfr a Beibl, y dychymyg fyddai wedi pennu ei lun a'i liw. (Erbyn hyn, mae'r helyntion dyddiol yno yn sicrhau stribedi dibendraw o ddelweddau ar y sgrîn fach.)

Roedd y gyfres gyntaf honno o ddarluniau ar sgrîn ein dychymyg yn dal yno. Dyna pam bod adroddiadau'r teithwyr yn aml yn mynegi siom neu syndod. Dyna'r tyndra rhwng y darlun mewnol, preifat, a'r hyn sydd allan fan acw. Gall disgwyl gormod droi'n falltod ac ymarweddu mwy sinicaidd esgor ar sioc iachusol!

Arall oedd ac ydyw fy mhenbleth i. Ar y dechrau, fe gyflwynwyd y ffydd Gristnogol mewn cyfresi o ddarluniau gweledig a gwledig iawn. Mae'r gwahaniaeth rhwng dull syml yr Iesu o ddefnyddio dameg neu eglureb i gyflwyno'r neges a'r llifeiriant o athrawiaethau astrus, haniaethol, sy'n ceisio dehongli'r neges honno i ni dros y canrifoedd, yn syfrdanol. Mae'n creu rhyw fath o scitsoffrenia yn y meddwl hefyd.

"O Jerusalem! Jerusalem"

Ar y ffordd o'r Ysgol

Os gellir cyfleu'r dirgelwch mewn darlun cartrefol sy'n ein gorfodi ar yr un pryd i fynd y 'tu draw' i'r darlun hwnnw, pam ein drysu efo rhwydwaith o eiriau hir, haniaethol, o ymresymu cwmpasog ac o lond trol o gyfundrefnau diwinyddol sy'n aml yn anghyson â'i gilydd?

'Rwy'n dal i ofyn y cwestiwn!

*   *   *   *

. . . allan ym mherfeddion yr anghyfanedd-dra cochlwyd rywle rhwng Jerusalem a Jericho. Uwchben, hofrenyddion yr Israeliaid yn chwyrlïo'n llygadog. Tri llwyth bws o gadlanciau'n ymarfer eu crefft. A phwy aeth heibio ar ei mul bach ond merch ysgol bryd-tywyll a'i gwallt yn blethen ddu i lawr ei chefn.

Ein tywysydd o Arab, Victor, yn egluro. Bob dydd yn gadael ei chartref ar ei ffordd i'r ysgol yn Jericho. Clymu'r mul wrth bostyn ac i mewn i'r bws weddill y daith. Yna, ddiwedd y p'nawn, cychwyn yn ôl drachefn, a'r mul yn dal i ddisgwyl amdani i'w chyrchu adref. Ac wrth ei gweld hi a'i hanifail yn diflannu draw dros y gorwel – hen bartneriaeth, hen drefn, hen reddf, hen barhad. O'i chwmpas ac uwch ei phen, y llygad a'r bysedd gwarcheidiol yn halogi ei daear ac yn gysgod ar ei llwybr. Pwy a ŵyr na fydd hi yfory yn darged?

. . . yr un Victor yn mynd â ni i'w dref enedigol, Nasareth.

'Dwi'n cofio 'nhad yn dweud sawl stori am ffynnon Fair. Yr adeg honno, 'roedd yna lawer o fywyd cymdeithasol o gwmpas y ffynnon. Mi fyddai'r gwragedd yn dod i olchi dillad, a'r anifeiliaid yn yfed ohoni bob dydd. Y gwragedd wedyn yn cario'r dŵr mewn piser ar eu pennau. Yma hefyd, man cyfarfod y cariadon.

Heb fod ymhell oddi yma, dyna nhw'n adeiladu baddon mawr. Yno y bydden ni'n ymolchi nos Sadwrn ar gyfer y Sul, yn Gristnogion a Moslemiaid. Yna, ugain mlynedd yn ôl, penderfynu codi'r adeilad mawr yma uwchben ein ffynnon a chreu pibellau i sianelu'r dŵr drwyddo. Ond ar ôl gorffen yr adeiladu, fe beidiodd y dŵr. Unwaith, ffynnon i bawb oedd hi ac i ni'r plant i dorri'n syched. Dŵr oer, glân. Chwarae, ac amser braf. Heddiw, adeilad mawr a phibellau. A dim dŵr'.

I Victor, mae'n siŵr, stori syml oedd hi am ffynnon yn tarddu ac yna'n mynd yn hesb. Ond fe dd'wedodd fwy.

. . . Edrych i lawr ar Jerusalem o ben mynydd yr Olewydd;

151

Rhwng Jerusalem a Jericho

'Caersalem Lân'

Golgotha fan acw wedi ei gladdu ynghanol sawl ffasiwn bensaernïol, haen uwchben haen o hanes. Draw yng Nghapernaum, dod ar draws criw o archaeolegwyr yn turio mewn adfeilion. A'r canrifoedd fel llinellau'r boncyff yn marcio'i oedran. Pe medrem ni ond tynnu'r gorchudd, dileu'r pellter, chwalu'r dieithrwch, diystyru chwiw a mympwy'r foment . . .' nid trwy ddrych, mewn dameg, ond wyneb yn wyneb'.

. . . Cana, Galilea. Rhes o biseri clai coch, gwag. Un gair mewn llythrennau bras. *Souvenirs*. Gwinwydden a cholomen wen yn y clystyrau grawnwin. *Cana Wine*.

Fe ddaeth Venanzio Lasorsa yma'n fachgen ifanc o'r Eidal ac yn y man dychwelyd flynyddoedd yn ddiweddarach fel offeiriad. Yma y bu'r wyrth o droi'r dŵr yn win. Gwyrth? Soniodd Lasorsa am sagrafen, am gariad yn cael ei gysegru, ac am wledd yn cael ei bendithio. Fel yna, hefyd, yr oedd o'n dehongli ei weinidogaeth – troi'r ddefod yn foddion a chyffyrddiad y presenoldeb dwyfol yn arian byw ysbrydol.

Fan yma, lle 'roedd cangau'r winwydden a'r golomen wen a'r potiau pridd yn un plethiad, a hen offeiriad yn ei laes wisg yn pendilio ynghanol y cyfan, beth wnawn ni â'r 'gwyrthiol'? Neu, beth wna'r gwyrthiol â ni? O fewn trefn gaeëdig lle nad oes lle i'r annisgwyl na'r esboniadwy, nac unrhyw hygrededd ychwaith i brofiad na ellir ei fwyso neu ei fesur yn ein cloriannau cyfleus, mae pob Cana Galilea yn broblem! Os yden ni'n dal i feddwl am y wyrth fel strôc ddramatig o dynnu cwningen o het, yna mae hi'n haeddu cael ei halltudio. Nid oes ar Dduw angen gimics o'r fath ac y mae'r crebwyll dynol yn haeddu gwell.

. . . Yma y croeshoeliwyd Ef. 'Sbleddach o ganhwyllau a holl sectau'r ddaear efo'u cornel a'u rhan yn y sioe. Pob un ohonyn' nhw hefyd yn amddiffyn eu patsh ac yn eiddigeddus o'i gilydd. Rhywle yma y mae bwrw coelbren, rhannu dillad a dryllio'r corff. HWN YW BRENIN YR IDDEWON.

'Roeddwn i'n falch o adael y lle, a'r dyrfa a ddaeth, fel ninnau, i rythu ac i fflachio'u camerâu.

. . . A thithau, Bethlehem, tir Jiwda. Eistedd a dweud fy mhwt i'r camera o flaen y twll tywyll honedig o breseb. Man cyfarfod bugeiliaid ac angylion. Man gwahanu Arab ac Iddew . Nid hwn oedd Bethlehem fy Rehoboth i ers talwm. Yno, nid oedd milwyr yn cerdded bob yn ddau trwy ei heolydd neu'n sgrialu yn eu cerbydau.

Ar Fôr Galilea

Efo Victor, ein tywysydd

Dyma'r West Bank hefyd. Yng nghwmni un o blant Palesteina yr edrychais o bell ar ei lechweddau. Dangosodd i mi res ar ôl rhes o dai crand yn cripian ar draws y gorwel. 'Dacw nhw', medde fo,' yn bwyta i mewn i'n tir ni'. Fel mab ffarm, gallwn uniaethu â'i deimladau o berthyn ac o berchenogi darn o ddaear. Gallwn gyfrannu o'i ddigofaint a deall ei rwystredigaeth. 'Does gen i mo'r weledigaeth na'r wybodaeth fedr daflu llawer o oleuni ar hawliau a ffiniau cenedl ond fe erys yn un o'r esgyrn cynnen mwyaf di-ildio a ffrwydrol. A dyna'r eironi – fod neges a gobaith y geni ym Methlehem wedi eu daearu mewn hollt mor rhanedig a gwenwynig â'r West Bank.

*   *   *   *

Mae'r sgyrsiau hynny yng ngwersyll 118 ymhell yn ôl bellach a phrofiadau Dachau hwythau yn bennod arall. 'Does neb yn eu synnwyr yn bychanu dioddefaint yr Iddew, nac yn credu, gobeithio, y byddai fyth yn defnyddio'r dioddef hwnnw fel rhyw flacmêl emosiynol. Mi wn hefyd fod ymhlith llywodraethwyr Israel ddogn helaeth o oleuni rhyddfrydol a grasol.

Gwn hefyd rywbeth am y ffanatig o'r Arab sy'n credu mai arwydd o wendid yw pob trafod a chyfaddawd. Ond nid yw unrhyw ddioddefaint yn rhoi'r hawl i'r rhai sy'n llywodraethu ymagweddu'n drahaus tuag at ddoluriau'r rhai sy'n rhan o'r un ddaear a'r un ddinas.

. . . Clecian diog y rhwyfau, swish y rhwydi ar wyneb y dŵr ac ychydig eiriau dau bysgotwr a minnau yn y cwch oedd yr unig sŵn ar y prynhawn glas hwnnw ar Fôr Galilea. Tila ddigon fu'r helfa ond fe gafwyd swper cynnar ar graig ar lan y dŵr – pysgod Sant Pedr wedi eu ffrïo, tafell o fara a gwin. Fe ddaliodd y camera ryw gymaint o gyfaredd a thawelwch glas y dydd, cyrff brown, tywyll, y pysgotwyr, y rhwydi'n gymylau arian yn hofran cyn disgyn i'r môr, a llond llaw o bysgod.

Tywysydd peryglus ac afieithus yw'r dychymyg! 'Roedd darlun o fewn darlun yn ymestyn dros orwelion y canrifoedd a thu hwnt i'n terfynau daearyddol a'n cyfyngiadau llythrennol, cysact. Yn hwnnw, ddwy fil o flynyddoedd yn ôl, criw bach o bysgotwyr, ar ôl dal dim, yn mentro dwylo a rhwydau ar orchymyn eu Meistr, a chael helfa a hanner!

Profiad rhyfedd wedyn oedd ailgyfarwyddo â'r darluniau cyntaf hynny o sgrîn fy mhlentyndod drigain mlynedd a mwy yn ôl. Dod yn

Pysgodyn Sant Pedr, o Fôr Galilea

un pentwr; craig a thon, storm a gosteg, hedyn a'i wreiddyn, defaid, bugeiliaid, corlan a drws, corwynt a llef ddistaw fain, aderyn y to a'r golomen, y lili a'r ysgall. Ar un olwg, yn wrthrych i'w canfod a'u dal mewn seliwloid, ond hefyd yn fynegbost ac yn symbolau.

. . . Uwchben Môr Galilea, fe gyhoeddwyd y Bregeth ar y Mynydd, maniffesto'r Deyrnas. Safwn innau yno wrth eglwys a choeden yn edrych i lawr lle bu cynulleidfa'n gwrando ar Restr yr Anrhydeddau – tangnefeddwyr, y pur o galon, y rhai addfwyn, y trugarogion. Ymglywed â'r siars i gofleidio gelyn, i oleuo a phuro byd a chlustfeinio ar donfedd yr Aramaeg, 'Gwyn eich byd.'

Chwipiodd awel o 'wynt sy'n chwythu fel y myn' drwy'r goeden. Yn benagored felly y disgrifiwyd yr Ysbryd Glân hefyd – ei darddiad, fel ei gyfeiriad, yn annibynnol ar unrhyw wybodaeth neu reolaeth daclus a feddwn ni o'r 'ansylweddol wynt'.

Yma y cerddodd O. Yma y carodd O a chael ei garu. Yma y drylliwyd O hefyd. 'Roedd ei ddelweddau a'i ddarluniau'n chwalu ac yn adeiladu, yn dymchwel ac yn gorseddu. Yn Ei gwmni a'i gyffyrddiad 'roedd ffrwydrad o iechyd enaid ac o dangnefedd – y parlys yn troi'n ddawns o ddiolchgarwch, y gweld yn troi'n weledigaeth a choed y maes yn curo dwylo. Joch o gariad diamod oedd yn gweiddi am lestri newydd.

. . . Mae'r ardd yno o hyd, medden 'nhw. A'r bedd gwag yn dwll du efo coron o feini llwydwyn uwch ei ben. Ddoe, 'roedd Golgotha dan sang twristiaid uchel eu cloch. Yma, dim enaid byw. Y gwacter hwnnw fyddai wedi ei gofnodi gan y lens. Dyna fyddai stori'r stribed. Dyna'r cyfan sydd yno. Mi garwn innau orffen y daith fel yna. Diwedd pob meidroldeb.

Ond beth wnawn ni efo Mair Magdalen yn chwilio am Grist ei hanwylyd yma ar y trydydd dydd? A'r cyfarfod a'r adnabod hwnnw:

'Mair!'

'Athro!'

'Paid â glynu wrthyf . . .'

Wedyn yr hen rebel, Thomas, yn methu mentro y tu allan i ganllawiau'r synhwyrau o gyffwrdd a theimlo:

'Fy Arglwydd a'm Duw'.

A thystiolaeth unsain y disgyblion:

'Yr ydym wedi gweld yr Arglwydd.'

*   *   *   *

Y Bedd Gwag

Dros y canrifoedd, fe fu llu o bererinion yn yr ardd honno. Rhai ohonyn' nhw, yn wirion braf, yn derbyn atgyfodiad y cnawd a'i 'ymddangosiad' fel yr hyn sy'n dod yn naturiol i Dduw hollalluog. 'Does dim raid i Hwnnw ei gyfiawnhau ei hunan na chydymffurfio â gofynion rheswm a deall Ei blant. Os yw'n dewis cyflawni gwyrth, fe wna hynny.

I eraill, cynnyrch dychymyg sydd wedi mynd dros ben llestri yw'r cyfan, neu ddyfais bathetig (ond dealladwy) i ddileu terfynoldeb bedd ac i roi adain i'n dyhead am oroesi.

Un o'r pererinion ydw i a fu, dros y canrifoedd, yn gwingo'n ddryslyd-ddisgwylgar – yn 'gweld' bedd gwag, nid fel unrhyw weithred unwaith-ac-am-byth o ymyrraeth â threfn naturiol pethau, ond fel amod achubiaeth. Llestr dros dro yw pob corff, gan gynnwys y corff croeshoeliedig. A phob ffrâm ddarfodedig arall.

Fe fydd pob gwin newydd yn hawlio llestri newydd. Ond fe fydd y llestri hynny hefyd, yn eu tro, yn heneiddio.

Wrth gyfarfod Magdalen a dweud, 'Paid cydio ynof fi', 'roedd O'n diogelu parhad Ei ysbryd. Nid terfynau eu cnawd oedd terfynau eu hadnabod. Onid yw hynny yn wyrth?

O fyfyrio felly yn ei ardd, ni theimlaf fy mod yn treisio hynny o unplygrwydd deallusol sydd gen i ar ôl, nac ychwaith yn gwaradwyddo Duw nac yn staenio 'nghariad i tuag at Ei fab.

'Ryden ni'n rhoi adain i'r dychymyg a'i gadael i siawns rhyddid yr Ysbryd.

Mae'r darlun gweledig yn fwy na delwedd a throsiad. Mae'n ddatguddiad o rym sy'n llifo'n ddiddarfod. Nid sôn yr yden ni wedyn am unrhyw gyfundrefn, athrawiaeth neu foeseg arbennig ychwaith – er bod yn rhaid i'r rheini wneud y tro, dros dro.

Ei atal yw ei droi yn rhywbeth nad yw. Ei golli yw ei ffitio i mewn fel estyniad o'r hyn sy'n gyfforddus o ddealladwy.

Os nad yw'r ddelwedd yna o ffynnon anchwiliadwy, o gariad ac o ddaioni diddarfod, yn gwneud sens bellach, yna, 'ryden ni wedi bod yn rhan o'r chwarae cast â'r twyll mwyaf a fu erioed.

Os yw'n wir, pam y mae ein pwerdai ysbrydol mor wan, a'n tystiolaeth o ddiwallu'n syched mor wamal?